TRAS
TORNOS
MENTAS

ISBN 978-85-7341-729-6
1ª edição - agosto/2018
1ª reimpressão - setembro/2019

Copyright © 2018,
Instituto de Difusão Espírita

Conselho Editorial:
Doralice Scanavini Volk
Wilson Frungilo Júnior

Coordenação:
Jairo Lorenzeti

Revisão de texto:
Doralice Scanavini Volk

Diagramação e Capa:
César França de Oliveira

INSTITUTO DE DIFUSÃO ESPÍRITA
Av. Otto Barreto, 1067
CEP 13602-060 Araras/SP - Brasil
Fone (19) 3543-2400
CNPJ 44.220.101/0001-43
Inscrição Estadual 182.010.405.118

www.ideeditora.com.br
editorial@ideeditora.com.br

Todos os direitos reservados.
Nenhuma parte desta publicação pode ser
reproduzida, armazenada ou transmitida,
total ou parcialmente, por quaisquer
métodos ou processos, sem autorização do
detentor do copyright.

FICHA CATALOGRÁFICA

(Preparada na Editora)

A56t	Alves, Walter Oliveira, 1952-2018
	Transtornos Mentais - Na Infância e na Adolescência
	Araras, SP, IDE, 1ª edição, 2018
	192 p.
	ISBN 978-85-7341-729-6
	1. Educação 2. Neurociências 3. Espiritismo.
	I. Título

CDD -370
-370.15
- 133.9

Índices para catálogo sistemático:
1. Educação 370
2. Neurociências 370.15
3. Espiritismo 133.9

TRANSTORNOS MENTAS

NA INFÂNCIA E NA ADOLESCÊNCIA

WALTER OLIVEIRA ALVES

ORIENTADO POR EQUIPE ESPIRITUAL

ide

PLANO DA OBRA

Introdução, 7

PARTE I

Estudo das Enfermidades da Mente, 13

Introdução ao Estudo de Uma Psicologia Espírita, 19

O Conhecimento de Si Mesmo, 23

O Corpo Mental, 25

Reencarnação e Recapitulação, 27

O Germe da Perfeição, 31

Evolução, 33

Consciente, Subconsciente e Superconsciente, 37

O Insconsciente Profundo, 39

A Energia Criadora, 41

Os Centros Vitais, 45

A Glândula Pineal, 57

A Construção da Mente, 63

O Aspecto Espiritual dos Transtornos Mentais, 71

Ação dos Neurotransmissores nos Transtornos Mentais, 77

Ação das Emoções na Síntese dos Neurotransmissores, 83

As Emoções e o Sistema Límbico, 85

PARTE II

Transtornos Mentais, 91

Esquizofrenia - O Caso de D'Joel, 93

Epilepsia - O Caso de Marcelo, 101

Depressão, 107

Transtorno Bipolar do Humor, 119

Transtorno Obsessivo Compulsivo - TOC, 127

Síndrome de Tourette, 131

Transtorno do Pânico e Agorafobia, 135

Transtorno do Espectro Autista, 141

Síndrome de Asperger, 149

Transtorno do Déficit de Atenção Com Hiperatividade - TDAH, 155

Transtorno de Personalidade Borderline, 163

Transtorno de Personalidade Antissocial, 169

Evolução e Cura, 175

A Terapia da Alma nos Transtornos Mentais, 177

Mensagem, 187

Bibliografia e Obras Para Consulta, 191

INTRODUÇÃO

Os pesquisadores da área mental têm focado sua atenção principalmente nos processos biológicos, neuropsicológicos, sociais, ambientais e nos mecanismos genéticos envolvidos nos transtornos mentais comuns na infância e na adolescência.

A Doutrina Espírita vem trazer sua contribuição aos estudiosos sinceros, demonstrando outro aspecto de tais transtornos, ignorado por muitos pesquisadores, embora citado por outros: o *aspecto espiritual da vida.*

A noção da sobrevivência da alma, a existência de um corpo espiritual, da reencarnação e da lei de causa e efeito, ampliam de maneira profunda e bela nossa visão da vida e dos mecanismos que regem mundos e seres dentro de um processo evolutivo, num constante *"vir a ser"*, onde tudo avança, gradual e progressivamente, para a frente e para cima, rumo à perfeição.

Somos Espíritos em evolução, transitando pelo planeta escola, trazendo em nós mesmos o germe de nossa perfectibilidade, a essência Divina que existe em estado latendo em todos nós, aprendendo e desenvolvendo gradualmente as potencialidades inerentes ao ser espiritual. Dotados de livre-arbítrio, mas sujeitos à lei de causa e efeito, somos, não raras vezes, defrontados com desequilíbrios em nosso mundo mental a se refletir no organismo físico que nos reveste temporariamente, causando os transtornos mentais e fisiológicos a que estamos sujeitos.

Em nosso atual estado evolutivo compreendemos que não há como separar a fisiologia da vida psíquica, pois o Espírito, como ser que pensa, sente e age, utiliza-se do corpo físico para se manifestar no mundo material e executar as atividades e experiências necessárias à sua evolução.

Sendo a mente o resultado de um processo evolutivo através de milênios de experiências, é natural que traga, em seus intrincados mecanismos, estruturas mentais ainda em desarmonia.

O momento evolutivo que vivemos é de reajuste e de harmonização interior, para adentrarmos nessa nova era ou nova etapa evolutiva, em nível superior, que nos permitirá maior contato com a Vida em seu sentido espiritual, sintonizando com inteligências superiores que nos tutelam a existência.

Assim é que notamos um aumento dos transtornos mentais na infância, a se manifestarem desde os primeiros instantes de vida física ou, em outros casos, na adolescência, quando a vida espiritual reabre suas comportas mentais, deixando surgir os impulsos do inconsciente profundo, que se tornam intensos, causando conflitos interiores, exigindo reajustes.

A mente é patrimônio do Espírito imortal e, portanto, os desequilíbrios interiores podem se manifestar em qualquer idade física. Assim, embora nossos estudos tenham foco especial na infância e na adolescência, abrangem também a idade adulta.

Percebemos que, em muitos casos, existe uma continuidade dos transtornos mentais da infância, adolescência e da idade adulta e que, muitos adultos com transtornos mentais já os apresentavam na infância ou na adolescência.

Temos ainda a considerar que muitos transtornos mentais, não resolvidos até a adolescência, podem seguir numa trajetória de desenvolvimento, ressurgindo na vida adulta, mesmo com outra denominação. Exemplificando, um transtorno ansioso na infância pode preceder um transtorno ansioso ou obsessivo-compulsivo na vida adulta.

E não raras vezes, o transtorno mental tem sua origem em experiências vividas em existências passadas ou mesmo em vivências no mundo espiritual, no intervalo entre duas encarnações, como veremos na segunda parte desta obra.

A vida sempre nos cobrará reajuste e harmonização mental, mais cedo ou mais tarde, para seguirmos adiante em nossa trajetória evolutiva, rumo aos níveis superiores da vida Universal.

Sem dúvida que todas as experiências são importantes, mesmo em avançada idade física, no entanto, a infância é oportunidade bendita de construção de novas estruturas mentais que nos darão suporte por toda a nossa existência.

Somos criados por Deus, trazendo em nós mesmos a essência Divina em estado germinal, rumando para a perfeição relativa que nos aguarda.

Portanto, sempre teremos a oportunidade de reajustar a nós mesmos, auxiliando nossos irmãos de caminho a se reajustarem também.

As possibilidades são imensas e não há um único caso sem solução dentro do processo evolutivo. *Nenhuma ovelha se perderá*, nas palavras de Jesus.

No processo evolutivo, não há retrocesso e ninguém estaciona para sempre, portanto, sempre existirá um caminho de reajuste e regeneração.

E os caminhos que a Doutrina Espírita nos aponta se abrem como um leque de possibilidades reais, não apenas para a compreensão das causas, mas também e principalmente como precioso mecanismo terapêutico, profilático e preventivo de grande parte dos transtornos mentais e mesmo fisiológicos que poderão surgir em qualquer idade, mas com maior intensidade na infância e na adolescência.

No entanto, mesmo sem ter a intenção de realizar um estudo profundo sobre a psiquiatria, a psicanálise e a psicologia, torna-se necessária uma análise, mesmo que sucinta, de suas principais vertentes, para compreendermos todo o imenso alcance das ideias espiritualistas na análise da mente e de seus transtornos.

É importante frisar que essa obra somente foi possível com o auxílio constante de amigos espirituais que acompanhavam e orientavam nossas pesquisas, muitas vezes, esclarecendo diversos pontos considerados ainda obscuros pela nossa pouca capacidade de compreensão.

Assim sendo, entregamos esta obra ao leitor amigo, esperando que ela contribua para nossa maior compreensão dos intrincados mecanismos da mente humana, especialmente em sua fase infantil.

PARTE I

ESTUDO DAS ENFERMIDADES DA MENTE

A preocupação com o estado mental do paciente, no ocidente, vem desde os médicos gregos, em especial Hipócrates (460-377 a.C.), cuja filosofia é muito bem retratada na famosa frase do poeta romano Juvenal: *Mens sana in corpore sano*.

Em 1587, Oliva Sabuco (1562 - 1609), filósofa espanhola, descreve como as emoções podem causar forte impacto no corpo, conclamando os médicos para que observassem os pacientes em sua totalidade de corpo e alma.

Philippe Pinel (1745 -1826) foi um médico francês, considerado por muitos o pai da psiquiatria. Ao contrário do que acontecia na França da época, afirmou que os que sofriam perturbações mentais eram doentes e deveriam ser tratados como doentes e não de forma violenta. Foi o primeiro a tentar descrever e classificar algumas doenças mentais.

Franz Anton Mesmer (1734 - 1815), médico e magnetizador, iniciou, em 1773, o tratamento por meio do magnetismo, sendo seu caso mais famoso a cura da cegueira da famosa pianista Maria Theresa Paradis. Foi o primeiro a utilizar o termo *fluido universal* em sua tese de doutorado. No entanto, foi totalmente rejeitado pelas sociedades médicas da época.

Interessante é que, em 1785, Mesmer abandona Paris, tendo-se encontrado em Zurique com o pastor Johann Kaspar Lavater (1741-1801), entusiasta do magnetismo animal na Suíça. Lavater seria, mais tarde, o conhecido mineiro Eurípedes Barsanulfo, cujo trabalho como médium e educador é muito conhecido pelo público Espírita.

William Cullen (1710-1790), médico escocês, foi o primeiro a ver uma analogia entre delírio e sonhos estranhos, criando o termo *neurose*. Curioso é que foi justamente um artigo de Cullen sobre a substância quina que levou Samuel Hahnemann (1755-1843) a iniciar suas pesquisas que culminaram na homeopatia, valorizando o estado mental do paciente.

Por volta de 1818, o médico alemão Johann Heinroth (1773-1843) já afirmava que muitas doenças do corpo tinham sua origem na alma, tendo utilizado o termo psicossomática pela primeira vez.

Jean-Martin Charcot (1825-1893), em 1856, era médico interno do hospital Salpêtrière, em Paris, quando iniciou os primeiros estudos de doenças nervosas crônicas, com enorme número de enfermos do hospital. Durante doze anos, deu aulas como professor voluntário, até que, em 1881, foi instituída no Salpêtrière uma cátedra de Neuropatologia a ele confiada.

Em 1885, Sigmund Freud juntou-se a Charcot, que já possuía grande número de alunos ou discípulos. Assistia às aulas teóricas e práticas, junto aos pacientes do hospital, aprofundando seus estudos sobre as doenças mentais.

Pierre Janet, (1859 - 1947), aluno de Charcot, também se notabilizou no estudo da histeria.

Wilhelm Wundt (1832-1920), médico, filósofo e psicólogo alemão, em 1879, criou o primeiro laboratório de psicologia no Instituto Experimental de Psicologia da Universidade de Leipzig, que foi palco de inúmeras experiências no campo das sensações, percepções e pesquisas sobre a vontade e a emoção, abrindo vasto campo de pesquisas na área da psicologia experimental.

William James (1842-1910), médico, filósofo e psicólogo estadunidense, é considerado um dos fundadores da psicologia moderna, ao lado de Wilhelm Wundt, Pierre Janet e outros. Foi um profundo pesquisador do que se chamou paranormalidade, incluindo fenômenos mediúnicos. Foi um dos poucos a tratar do sentimento religioso e experiências ditas místicas, frente ao crescente materialismo científico de sua época.

No entanto, deve-se a Sigmund Freud (1856-1939) e seus contemporâneos a ideia da existência de um inconsciente que atua de maneira intensa no comportamento humano, abrindo um campo profundo para a análise da psique.

Dentre os contemporâneos de Freud temos Carl Gustav Jung (1875-1961), psiquiatra suíço, Alfred Adler (1870 - 1937), médico e psicólogo austríaco, Wilhelm Stekel (1868-1940), psiquiatra austríaco, Sándor Ferenczi (1873-1933), neurologista e psicanalista húngaro, Erich Fromm (1900-1980), filósofo, sociólogo e psicanalista alemão, Ana Freud (1895-1982)), professora e psicanalista, filha de Sigmund, Melanie Klein (1882-1960) autodidata e psicanalista austríaca. As duas últimas, juntamente com Donald Woods Winnicot (1896-1971), pediatra e psicanalista inglês, notabilizaram-se pelos seus trabalhos com crianças.

Apesar da grande contribuição de Freud e seus contemporâneos na psicanálise, muitas ideias surgiram com diferentes focos no estudo da mente e do comportamento humano.

A partir de 1910, Max Wertheimer (1880-1943), Wolfgang Köhler (1887-1967) e Kurt Koffka (1886-1940), iniciaram o movimento denominado Gestalt que, em síntese, demonstra que o todo é maior do que a soma das partes que o constituem. Um objeto pode estar em nossa mente como um símbolo de algo distinto de seus elementos particulares.

Na década de 1920, Ivan Petrocich Pavlov, (1849-1936), fisiólogo russo, após as famosas experiências de produzir saliva em cães expostos a diversos tipos de estímulos, anunciou a sua teoria do condicionamento clássico, abrindo os primeiros caminhos para a reflexologia e a psicologia comportamental.

John B. Watson (1878-1958), psicólogo estadunidense, dá início ao movimento chamado behaviorismo, pretendendo mudar o foco da psicologia até então mentalista, para o comportamento observável. Em 1953, Burrhus F. Skinner (1904-1990), psicólogo norte-americano, inicia o movimento denominado behaviorismo radical, causando muitas polêmicas.

Com início na década de 1950, e avançando na década de 1960, alguns teóricos se destacam no movimento conhecido como psicologia humanista: Abraham Maslow e Carl Rogers que, em contraposição ao behaviorismo, propunham uma visão humanista no atendimento ao paciente.

Abraham Maslow e Anthony Sutich fundaram a Associação de Psicologia Humanista, que conseguiu agregar, ou pelo menos manter conexão com vários pensamentos compatíveis com a Psicologia Humanista.

Mas Abraham Maslow afirmava que a Psicologia Humanista era apenas o início de uma ideia mais abrangente, a Psicologia Transpessoal que, pela definição, transcende o eu pessoal, destacando o Self, o Eu superior, entrando no lado espiritual da vida.

Mesmo sem ter nenhuma relação histórica com Carl Gustav Jung, as teorias guardam enorme afinidade e, embora discordem alguns autores, em suas íntimas conexões, se completam.

Maslow considera a Psicologia Transpessoal como a "Quarta Força da Psicologia", sendo a primeira força a Psicanálise, a segunda, a Psicologia comportamental e a terceira, a Psicologia Humanista.

Nas últimas décadas, derivadas das principais correntes citadas, surgiram diferentes formas de psicoterapia tais como: Terapia Gestalt (TG), Terapia Focada nas Emoções (EFT), Terapia Existencial, Análise Transacional, Terapia Cognitiva, Terapia Cognitivo-comportamental, Terapia Familiar, Terapia Focada nas Soluções e muitas outras que, embora valiosas, não nos cabe tratar nesta obra.

A Doutrina Espírita, através da visão espiritual da vida, traz sua contribuição, ampliando profundamente a visão da psiquiatria, da psicologia e da psicanálise, não apenas como terapia de transtornos já instalados, mas também como ação preventiva e, principalmente, por oferecer uma visão profunda para o "auto--conhecimento" que auxilia o direcionamento da energia psíquica para o desenvolvimento das potencialidades interiores, como destacou Jung em sua proposta de "individuação".

Sem a menor intenção de chamar a Psicologia Espírita de "Quinta força", podemos afirmar, contudo, que ela abre um novo e profundíssimo campo de estudos da mente, revelando causas desconhecidas dos mais diversos transtornos mentais, bem como lançando luzes sobre muitos aspectos da psiquiatria, da psicologia e das diversas teorias que foram surgindo com o tempo.

INTRODUÇÃO AO ESTUDO DE UMA PSICOLOGIA ESPÍRITA

Psicologia (do grego *psico*: alma e *logia*: estudo) corresponde ao estudo da alma ou da mente. A palavra *psique,* que significa originalmente alma, também é utilizada para definir a mente. Nesse sentido, a Psicologia Espírita trata essencialmente da *psique*, ou seja, da mente em seus intrincados movimentos do inconsciente profundo até o consciente, num trabalho incessante da construção de si mesma, num constante *vir-a-ser*.

Ao nos apresentar o lado espiritual da vida, a Doutrina Espírita abre um campo imenso de pesquisas da mente, não apenas em seus aspectos patológicos, mas também e principalmente nas imensas possibilidades de desenvolvimento das qualidades da alma que prossegue sempre, para a frente e para cima, a caminho da perfeição relativa que nos aguarda a todos.

No entanto, o conhecimento da imortalidade da alma, da reencarnação, da comunicabilidade dos Espíritos, não é novidade nem surgiu com a Doutrina Espírita.

Vemos tais conhecimentos nas grandes civilizações do passado como Egito, Índia, China e mesmo na Grécia dos Oráculos e suas Pitonisas.

A imortalidade da alma, a comunicabilidade com os Espíritos, a reencarnação, a lei de causa e efeito e mesmo a existência de um corpo espiritual era assunto conhecido e estudado pelos iniciados nos mistérios do Egito antigo, pelos estudiosos da Índia Védica, na China antiga e na famosa escola de Pitágoras em Crotona no Sul da Itália.

A Doutrina Espírita, contudo, amplia esses conhecimentos, dentro de uma lógica surpreendente, oferecendo vasto campo de estudos, que deverá atingir todas as áreas do conhecimento humano. Sendo uma Doutrina que abrange três aspectos, científico, filosófico e religioso, de forma profundamente racional, reaproxima ciência e religião, quebrando os preconceitos cristalizados ainda na alma humana, e nos remete ao Evangelho de Jesus, levando-nos a compreender a real profundidade dos seus ensinamentos, mesmo dentro da lógica mais severa.

Nos próximos itens veremos os princípios básicos da Psicologia Espírita, baseados nas obras de Allan Kardec e nas obras psicografadas por Francisco Cândido Xavier, especialmente do Espírito André Luiz, além de outras obras como as de Manoel Philomeno de Miranda e de Joanna de Ângelis, psicografadas por Divaldo Pereira Franco, incluindo também aspectos da neurociência em seu aspecto espiritual, sem o que difícil seria a compreensão integral dos mecanismos da mente humana. Em todo o nosso trabalho, contamos com o auxílio desta equipe de terapeutas espirituais, que nos tem orientado, esclarecendo e ampliado nossos estudos com casos reais narrados por eles.

PRINCÍPIOS BÁSICOS DA PSICOLOGIA ESPÍRITA

Em rápida síntese, podemos afirmar que, ao abrir um campo imenso de estudos, a Doutrina Espírita leva o homem ao *conhecimento de si mesmo*: somos Espíritos imortais, filhos de Deus, dotados da essência Divina ou germe da perfeição a ser desenvolvido através dos milênios de evolução, num processo constante de vir-a-ser.

Destaca a reencarnação como parte essencial desse processo evolutivo. Demonstra que somos dotados do livre-arbítrio, mas sujeitos à lei de causa e efeito, que regula nossa marcha ascensional rumo à perfeição relativa que nos aguarda a todos.

Demonstra a existência de um corpo espiritual além do corpo físico, demonstrando também a existência do chamado corpo mental, que corresponde à própria sede da mente.

Ao analisar os centros vitais, nos leva ao conhecimento da neurociência e demonstra a maneira fantástica de como o Espírito, como ser que pensa, sente e age, se relaciona com o mundo físico através dos órgãos dos sentidos, se relaciona com o corpo mental, ou seja, com a mente e todo o seu arquivo milenar, através do tálamo e se relaciona com o mundo espiritual através da pineal ou epífise.

Nesse sentido, demonstra que a mente é construção do

próprio Espírito através dos milênios evolutivos, e também deixa claro a existência de um inconsciente profundo que pode surgir, influenciar e atuar no consciente, sempre que um estímulo o excite.

Demonstra que nosso pensamento se irradia em forma de ondas de natureza eletromagnética, carregando não apenas o aspecto intelectual, mas também nossas emoções, e que tal irradiação possui determinada intensidade, dependendo da vontade.

Portanto, são elementos do pensamento o *intelecto, o sentimento* e a *vontade*.

Concomitantemente, demostra que nosso pensamento se irradia, sintoniza e capta vibrações semelhantes, que podem influenciar nossa própria mente,

Ao esclarecer a existência do Mundo Espiritual, demonstra a mediunidade não apenas como possibilidade de comunicação com os Espíritos desencarnados, mas também como parte do processo evolutivo pela enorme influência na construção de nossa própria mente. Recoloca também a possibilidade da obsessão como parte de diversos transtornos mentais.

Finalmente, reconhece a excelência das lições de Jesus expressas em seu evangelho, como roteiro seguro de nossa evolução, bem como terapia de nossos desequilíbrios mentais e, acima e além de tudo, reconhece o AMOR como a essência da própria vida e base primordial de nossa própria evolução espiritual.

O CONHECIMENTO DE SI MESMO

Todos os autores citados nesta obra afirmam a necessidade de o homem conhecer a si mesmo.

Nesse sentido, a Doutrina Espírita responde às perguntas básicas da vida: *quem somos*, *de onde viemos*, *para onde vamos*, oferecendo uma ampla visão da vida, não apenas em seu sentido físico ou biológico, mas, essencialmente, em seu sentido espiritual.

Somos Espíritos, temporariamente habitando um corpo físico animado pelo princípio vital e, como ligação, possuímos o perispírito, de natureza semimaterial, conforme cita Allan Kardec em *O Livro dos Espíritos*, questão 135:

"O homem é formado, assim, de três partes essenciais:

1º - O corpo ou ser material, análogo ao dos animais e animado pelo princípio vital;

2º - A alma, Espírito encarnado, do qual o corpo é habitação;

3º - O princípio intermediário ou perispírito, substância semimaterial, que serve de primeiro envoltório ao Espírito e une a alma ao corpo.

A ciência tradicional tem estudado nosso corpo físico ou

biológico, sem perceber a existência do Espírito e do corpo espiritual, sem o que seria impossível compreender todo o mecanismo da mente.

O CORPO MENTAL

O Espírito André Luiz, em *Evolução em Dois Mundos*, revela também a existência de um corpo mental, afirmando que o corpo físico reflete o corpo espiritual que, por sua vez, retrata em si o corpo mental.

*"Para definirmos, de alguma sorte, o corpo espiritual, é preciso considerar, antes de tudo, que ele não é reflexo do corpo físico, porque, na realidade, é o corpo físico que o reflete, tanto quanto ele próprio, o corpo espiritual, retrata em si o **corpo mental** que lhe preside a formação."* (grifo nosso)

O **corpo mental**, segundo André Luiz, é o **envoltório sutil da mente.**

O Espírito pode revestir seu perispírito de matéria mais grosseira, pode "perder" completamente a forma, como no caso dos ovoides, citado por André Luiz, ou se desfazer dele, rumo a esferas mais elevadas (André Luiz, *Libertação*, cap. VI). Mas o que se "perde" ou se "desfaz" é apenas a parte mais grosseira do perispírito, que André Luiz chama de corpo espiritual.

Quanto ao corpo mental, é imperecível e inseparável do Espírito. Aí se encontra todo o registro filogenético dos milênios evolutivos. É o corpo mental que "preside", na linguagem de André Luiz, a formação do corpo espiritual.

Não se perde jamais, mas se modifica, se aperfeiçoa.

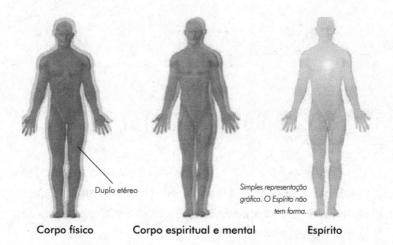

Duplo etéreo

Simples representação gráfica. O Espírito não tem forma.

Corpo físico   Corpo espiritual e mental   Espírito

A linguagem humana nem sempre corresponde com exatidão aos fatos em si, razão por que surgem diferentes interpretações. Segundo Allan Kardec, perispírito é o que une a alma ao corpo, ou seja, tudo que está entre o Espírito e o corpo físico. Trata-se, pois, de um termo amplo, que engloba o corpo espiritual e o corpo mental.

O corpo mental, no entanto, é patrimônio indelével do Espírito imortal, mantendo o registro de todas as suas conquistas evolutivas, razão pela qual alguns autores consideram o corpo mental como separado do perispírito, por representar a própria mente em si mesma.

O mais importante, contudo, é compreender que o corpo mental corresponde ao arquivo indelével da própria mente.

O "duplo etéreo" é formado por emanações neuropsíquicas que pertencem ao campo fisiológico, destinado à desintegração por ocasião da morte física (*Nos Domínios da Mediunidade*, André Luiz, Francisco C. Xavier).

Vide: *A Construção da Mente*, mesmo autor - IDE Editora.

REENCARNAÇÃO E RECAPITULAÇÃO

A Doutrina Espírita nos demonstra que a reencarnação é parte imanente do processo evolutivo, que vai muito além do ser biológico estudado pela ciência tradicional, por se tratar de um princípio espiritual que sobrevive à morte do ser biológico.

O Espírito André Luiz esclarece *"que a reencarnação significa recomeço nos processos de evolução ou de retificação. Lembre--se de que os organismos mais perfeitos da nossa Casa Planetária procedem inicialmente da ameba."*

"Ora, recomeço significa «recapitulação» ou «volta ao princípio». Por isso mesmo, em seu desenvolvimento embrionário, o futuro corpo de um homem não pode ser distinto da formação do réptil ou do pássaro." (*Missionários da Luz* – cap.13)

Percebemos que a reencarnação propicia oportunidade de evolução, mas também de retificação, ou seja, de reajuste de estruturas mentais construídas no passado.

Além da recapitulação da fase embrionária, o Espírito, nos primeiros anos de vida, está recapitulando e retificando as estruturas mentais construídas no passado. Os estímulos do meio vão acionando, gradualmente, as estruturas mentais já construídas no passado, a partir dos esquemas sensoriais e motores. A criança pequena, praticamente recapitula o desenvolvimento cognitivo a partir do homem primitivo, reconstruindo e aperfeiçoando esquemas mentais que foram construídos através dos milênios de experiências passadas.

Os Espíritos nos ensinam que desde o berço a criança manifesta os instintos bons ou maus que traz de sua existência anterior: "*Desde o berço, a criança manifesta os instintos bons ou maus que traz de sua existência anterior; é a estudá-los que é preciso se aplicar; todos os males têm seu princípio no egoísmo e no orgulho; espreitai, pois, os menores sinais que revelem os germes desses vícios, e empenhai-vos em combatê-los, sem esperar que lancem raízes profundas;(...)*" (*O Evangelho Seg. o Espiritismo* - cap. XIV.9)

Ensinam também que as faculdades interiores se manifestam gradualmente, de acordo com o desenvolvimento dos órgãos: "*A partir do nascimento, suas ideias retomam gradualmente impulso, à medida que se desenvolvem os órgãos; (...) Durante o tempo em que seus instintos dormitam, ele é mais flexível e, por isso mesmo, mais acessível às impressões que podem modificar sua natureza e fazê-lo progredir, o que torna mais fácil a tarefa imposta aos pais.*"

A manifestação do Espírito necessita ser proporcional à fragilidade do corpinho infantil. "*Seria preciso, aliás, que a atividade do princípio inteligente fosse proporcional à fraqueza do corpo que não poderia resistir a uma atividade muito grande do Espírito, assim como se vê entre as crianças muito precoces."* (*O Evangelho Seg. o Espiritismo* - cap. VIII)

A sabedoria Divina dosa os impulsos, regulando-os de tal forma que somente se manifestem de forma gradual, de acordo com o desenvolvimento dos órgãos, permitindo aos pais, educadores ou terapeutas trabalharem com esses impulsos que surgem gradualmente, oferecendo estímulos superiores aos ideais nobres que a criança está em condições de receber.

O educador ou o terapeuta poderá acompanhar o desenvolvimento natural e progressivo da criança, oferecendo- lhe os estímulos necessários, não somente despertando o potencial que se encontra temporariamente "adormecido", corrigindo impulsos mal direcionados, mas também desenvolvendo, a partir daí, as potências da alma, os poderes latentes do Espírito.

Na verdade, o processo reencarnatório se inicia no mundo espiritual através de cuidadosa preparação e programação, e continua durante todo o período de gestação.

Ao renascer, o Espírito traz um programa de vida, de acordo com suas necessidades evolutivas. Durante os estágios de desenvolvimento, o Espírito reencarnante está recapitulando experiências e, ao mesmo tempo, retificando e aperfeiçoando esquemas já construídos no passado.

BLOQUEIOS NA MANIFESTAÇÃO DO ESPÍRITO

Os Espíritos nos instruem que as faculdades são do Espírito e que não são os órgãos que dão as faculdades, mas as faculdades que conduzem ao desenvolvimento dos órgãos. Todavia, o corpo físico pode enfraquecer ou mesmo ser um obstáculo à livre manifestação das faculdades do Espírito.

Assim, uma criança que renasce com graves bloqueios na inteligência pode ser um Espírito que possui poderosas estruturas mentais, ou seja, grande inteligência, mas que teve a necessidade de desenvolver o seu aspecto moral, bloqueando, assim, suas estruturas mentais, que não lhe permitirão novas incursões no campo da inteligência que, sem o desenvolvimento da moral, fariam-no novamente utilizar mal essa inteligência. O Espírito poderá solicitar os mais variados tipos de bloqueios, conforme suas necessidades evolutivas.

Todo Espírito, contudo, renasce para evoluir e a tarefa do educador e do terapeuta será sempre auxiliar sua evolução, buscando os canais superiores de manifestação, disponíveis para o desenvolvimento, estimulando-os e incentivando seu progresso no bem. O que não canta, pinta, o que não pinta, modela, escreve, desenha, trabalha enfim, em alguma área em que demonstre certa aptidão e que deverá ser aproveitada para o desenvolvimento de outras áreas correlatas, tendo em vista o desenvolvimento integral do Espírito.

O GERME DA PERFEIÇÃO

O Espírito André Luiz, na obra **Evolução em Dois Mundos** afirma que: *"Compreendendo-se, porém, que o princípio divino aportou na Terra, emanando da Esfera Espiritual, trazendo em seu mecanismo o* **arquétipo a que se destina,** *qual bolota de carvalho encerrando em si a árvore veneranda que será de futuro..."*

O princípio espiritual, desde suas primeiras manifestações, já possuía em si mesmo o arquétipo a que se destina, ou seja, o germe de suas qualidades futuras que, através de um processo evolutivo, permitiria o desenvolvimento gradual e constante das qualidades que já possui em estado latente, como a semente já possui, em estado germinal, todas as qualidades da árvore adulta.

Na questão 776 de *O Livro dos Espíritos* de Allan Kardec, temos: *"O homem sendo perfectível, e carregando em si o germe de seu aperfeiçoamento..."*

E na questão 754 temos: *"Todas as faculdades existem no homem em estado rudimentar ou latente. Elas se desenvolvem conforme as circunstâncias lhes são mais ou menos favoráveis."*

No processo evolutivo através do tempo, o princípio espiritual, através das múltiplas experiências, constrói o próprio organismo físico, segundo o molde mental e com o auxílio dos trabalhadores espirituais.

Percebemos, pois, que a mente é a base da formação do próprio organismo fisiológico. À medida que a mente desenvolve o seu potencial interior, ela necessita de aparelhagem física cada vez mais aprimorada.

Morre o corpo físico, mas a mente permanece em sua estrutura eletromagnética no corpo espiritual, ou mais especificamente, no chamado corpo mental. Jamais é destruída, e jamais perde as qualidades adquiridas, mas se modifica constantemente no sentido progressivo, pois traz em si mesma o germe das qualidades superiores.

Lembramos aqui os arquétipos citados por Jung, compreendendo que tais arquétipos já existem dentro de nós mesmos, mas em estado latente ou germinal e que nos cabe a tarefa de desenvolvê-los.

Espírito imortal, trazemos em nós mesmos a essência Divina, o germe de todo nosso aperfeiçoamento, e caminhamos num processo evolutivo, rumo à perfeição.

EVOLUÇÃO

Tal o objetivo da vida: desenvolver as qualidades interiores que já trazemos em nós mesmos, como herança Divina, ou seja, o germe de nossa perfectibilidade. O objetivo da vida é a evolução.

Nesse sentido, evolução não corresponde apenas a transformações, como defendem alguns pensadores.

Evolução, para nós, corresponde a transformações progressivas. O sentido da vida é ascensional, num progredir constante, num contínuo *vir-a-ser*.

Desde os primeiros seres unicelulares, nas profundezas dos oceanos, a vida se movimenta em abundância, espalhando-se profusamente, numa luta incessante pela sobrevivência e pela perpetuação da espécie.

Por toda parte, estímulos diferentes surgem em forma de desafios e ameaças, que, contudo, provocam a ação, impulsionando o ser ao desenvolvimento de suas qualidades.

Evolução é transformação constante, transformação física ou biológica mas também mental, através de ininterruptas construções das estruturas mentais que habilitam o indivíduo à adaptação às novas e constantes alterações do meio.

O Espírito Calderaro, na obra *No Mundo Maior*, sintetiza de maneira simples e objetiva todo o processo evolutivo do princípio espiritual:

"Quero dizer, André, que o princípio espiritual, desde o obscuro momento da criação, caminha sem detença para a frente. Afastou-se do leito oceânico, atingiu a superfície das águas protetoras, moveu-se em direção à lama das margens, debateu-se no charco, chegou à terra firme, experimentou na floresta copioso material de formas representativas, ergueu-se do solo, contemplou os céus e, depois de longos milênios, durante os quais aprendeu a procriar, alimentar-se, escolher, lembrar e sentir, conquistou a inteligência... Viajou do simples impulso para a irritabilidade, da irritabilidade para a sensação, da sensação para o instinto, do instinto para a razão. Nessa penosa romagem, inúmeros milênios decorreram sobre nós. Estamos, em todas as épocas, abandonando esferas inferiores, a fim de escalar as superiores.

O cérebro é o órgão sagrado de manifestação da mente, em trânsito da animalidade primitiva para a espiritualidade humana." (No Mundo Maior, Espírito André Luiz, Francisco C. Xavier).

EVOLUÇÃO ESPIRITUAL E FÍSICA

É preciso compreender que o conceito de evolução não se refere ao corpo físico somente, mas se refere essencialmente à evolução da mente, patrimônio indelével do Espírito.

O germe da perfeição, obviamente, não é físico, mas corresponde às qualidades do Espírito a serem devenvolvidas através dos milênios de evolução, portanto corresponde à própria mente.

Conforme já vimos, a mente é a base da formação do próprio organismo fisiológico. À medida que a mente desenvolve o seu potencial interior, necessita de aparelhagem física cada vez mais aprimorada.

No processo evolutivo através do tempo, o princípio espiritual, através das múltiplas experiências, constrói o próprio organismo físico, segundo o molde mental e com o auxílio dos trabalhadores espirituais.

É o corpo mental, sede da mente, que preside a formação do corpo espiritual, que oferece moldes cada vez nais sofisticados à formação do corpo físico, conforme a necessidade da própria mente. (Ver *A Construção da Mente*, mesmo autor e editora).

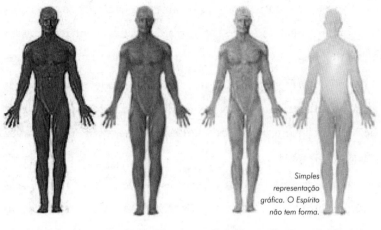

Simples representação gráfica. O Espírito não tem forma.

Corpo físico ←— Corpo espiritual ←— Corpo mental   Espírito
                                    (Sede da mente)

O corpo mental preside a formação do corpo espiritual, que oferece moldes cada vez mais sofisticados à formação do corpo físico.

Ainda na obra *Evolução em Dois Mundos*, André Luiz relata como a mente elabora a formação de novo corpo carnal:

"Assimilando recursos orgânicos com o auxílio da célula feminina, fecundada e fundamentalmente marcada pelo gene paterno, a mente elabora, por si mesma, novo veículo fisiopsicossomático, atraindo para os seus moldes ocultos as células físicas a se reproduzirem por cariocinese, de conformidade com a orientação que lhes é imposta, isto é, refletindo as condições em que ela, a mente desencarnada, se encontra. Plasma-se-lhe, desse modo, com a nova forma carnal, novo veículo ao Espírito..."

CONSCIENTE, SUBCONSCIENTE E SUPERCONSCIENTE

Na mesma obra, cap. 3, o Espírito Calderaro nos informa que nosso cérebro é comparável a um castelo de três andares.

O primeiro simboliza o nosso passado, com todo o arquivo de nossas experiências anteriores. É o nosso **subconsciente**. *"... figuremo-lo como sendo o porão da individualidade, onde arquivamos todas as experiências e registramos os menores fatos da vida."*

No segundo está o nosso presente, onde estamos trabalhando atualmente para a construção de nosso futuro. É o nosso **consciente**. *"... localizamos o domicílio das conquistas atuais, onde se erguem e se consolidam as qualidades nobres que estamos edificando."*

No terceiro está o ideal, a meta superior a ser alcançada, o nosso futuro, a herança Divina que nos cabe conquistar. É nosso **superconsciente**. *"a casa das noções superiores, indicando as eminências que nos cumpre atingir".*

"Num deles moram o hábito e o automatismo; no outro re-

sidem o esforço e a vontade; e no último demoram o ideal e a meta superior a ser alcançada. Distribuímos, deste modo, nos três andares, o subconsciente, o consciente e o superconsciente. Como vemos, possuímos, em nós mesmos, o passado, o presente e o futuro". (**No Mundo Maior** – André Luiz, Francisco C. Xavier).

Calderaro destaca ainda que *"nos lobos frontais, silenciosos ainda para a investigação científica do mundo, jazem materiais de ordem sublime, que conquistaremos gradualmente, no esforço de ascensão, representando a parte mais nobre de nosso organismo divino em evolução."*

O INCONSCIENTE PROFUNDO

A mente, pois, é construção do próprio Espírito, através dos milênios de evolução, em constante processo de transformações impulsionadas inicialmente pelas necessidades básicas de sobrevivência e perpetuação da espécie.

Todas as ações, atitudes, realizações, enfim, todo o desempenho do princípio espiritual na luta pela vida é gravado nas conexões nervosas e arquivadas em forma de vida psíquica, no chamado corpo mental. Todo esse arquivo milenar corresponde, pois, ao nosso subconsciente, na linguagem de Calderaro.

Trata-se, pois, de uma camada mais profunda do que o inconsciente freudiano, englobando todas as experiências dos milênios da evolução, razão pela qual chamaremos de *inconsciente profundo*.

Trazemos, pois, dentro de nós mesmos, intensa vida mental, composta de erros e acertos, momentos de alegria ou de tristeza, de aflição, decepção, esperança, enfim, um mundo de vivências passadas que, de certa forma, influenciam nosso presente, condicionando nosso modo de pensar, sentir e agir.

Ao mesmo tempo, vivemos um presente de expectativas, seguindo em nossa marcha evolutiva e, muitas vezes, somos impulsionados por condicionamentos totalmente inconscientes. Somos hoje o resultado de nossas vivências passadas e, ao mesmo tempo, estamos construindo o nosso futuro.

No entanto, temos em nós a essência Divina, o germe de nosso aperfeiçoamento, que nos cabe desenvolver, o arquétipo a que nos destinamos, como a semente já traz em si o germe da árvore adulta.

A ENERGIA CRIADORA

Compreendemos que a energia mental é força criadora e diretora de todo o cosmo orgânico, interferindo em todos os sistemas biológicos.

Na obra *No Mundo Maior*, de André Luiz, o Espírito Calderaro, respondendo a uma questão sobre Freud e seus contemporâneos, explicou:

"O notável cientista (Freud) centralizou o ensino no impulso sexual, conferindo-lhe caráter absoluto, enquanto as duas correntes de psicologistas, inicialmente filiadas a ele, se diferenciaram na interpretação. A primeira estuda o anseio congênito da criatura, no que se refere ao relevo pessoal, enquanto a segunda proclama que, além da satisfação do sexo e da importância individualista, existe o impulso da vida superior que tortura o homem terrestre mais aparentemente feliz. Para o círculo de estudiosos essencialmente freudianos, todos os problemas psíquicos da personalidade se resumem à angústia sexual; para grande parte de seus colaboradores, as causas se estendem à aquisição de poder e à ideia de superioridade. Diremos, por nossa vez, que as três escolas se identificam, portadoras todas elas de certa dose de razão, faltando-lhes,

todavia, o conhecimento básico do reencarnacionismo. Representam belas e preciosas casas dos princípios científicos, sem, contudo, o telhado da lógica. Não podemos afirmar que tudo, nos círculos carnais, constitua sexo, desejo de importância e aspiração superior; no entanto, chegados à compreensão de agora, podemos assegurar que tudo, na vida, é impulso criador. Todos os seres que conhecemos, do verme ao anjo, são herdeiros da Divindade que nos confere a existência, e todos somos depositários de faculdades criadoras."

Vemos aqui as ideias de Freud, no que se refere aos impulsos primitivos do inconsciente, as pulsões da libido sexual, pela luta pela sobrevivência e busca de prazer, mas também as ideias de Adler quanto aos impulsos de crescimento social, a vontade de poder, de destaque social e, principalmente, percebemos as ideias de Jung sobre os arquétipos, a libido como toda a energia psíquica que mobiliza a vida mental e, principalmente, a individuação que, em síntese, corresponde à aspiração superior, ao desenvolvimento dessas qualidades intrínsecas ao ser humano.

Percebemos que Freud, Adler e Jung observaram diferentes aspectos da psique humana, sem atinar que o homem é um Espírito em evolução, estando, pois, cada um em determinado patamar evolutivo.

O Espírito Calderaro continua, pois, afirmando que *"mais da metade dos milhões de espíritos encarnados na Crosta da Terra, de mente fixa na região dos movimentos instintivos, concentram suas faculdades no sexo, do qual se derivam naturalmente os mais vastos e frequentes distúrbios nervosos; constituem eles compactas* legiões, *nas adjacências da paisagem primitiva da evolução planetária, irmãos nossos na infância do conhecimento, que ainda não sabem criar sensações e vida senão mobilizando os recursos da força sexual.*"

Lembra Calderaro que grande número de criaturas, havendo conquistado a razão acima do instinto, "*permanecem nos desatinos da prepotência, seduzidas pelo capricho autoritário, famintas de evidência e realce, ainda que atidas a trabalho proveitoso e a paixões nobres, muitas vezes...*"

Calderaro continua explicando que apenas pequeno grupo de homens e mulheres, "*após atingir o equilíbrio sexual na zona instintiva do ser e depois de obter os títulos que lhes confere seu trabalho e com os quais dominam na vida, regendo as energias próprias, em pleno regime de responsabilidade individual, passam a fixar-se na região sublime, na superconsciência, não mais encontrando a alegria integral no contentamento do corpo físico ou na evidência pessoal; procuram alcançar os círculos mais altos da vida, absorvidos em idealismo superior; sentem-se no limiar de esferas divinas, já desde a estrada nevoenta da carne, à maneira do viajor que, após vencer caminhos ásperos na treva noturna, estaca, desajustado, entre as derradeiras sombras da noite e as promessas indefiníveis da aurora... Para esses, o sexo, a importância individual e as vantagens do imediatismo terrestre são sagrados pelas oportunidades que oferecem aos propósitos de bem fazer; entretanto, no santuário de suas almas resplandece nova luz... A razão particularista converteu-se em entendimento universal. Cresceram-lhes os sentimentos sublimados na direção do campo superior. Pressentem a Divindade e anseiam pela identificação com ela. São os homens e as mulheres que, havendo realizado os mais altos padrões humanos, se candidatam à angelitude..."*

Calderaro termina explicando que *"de um modo ou de outro, porém, tudo isto são sempre as faculdades criadoras, herdadas de Deus, em jogo permanente nos quadros da vida. Todo ser é impulsionado a criar, na organização, conservação e extensão do Universo!..."*

Observamos, pois, que todos possuímos essa energia criadora que pode se manifestar das mais variadas formas.

Recordamos aqui as fabulosas ideias de Winnicott atribuindo grande importância à criatividade, afirmando que a vida é um imenso potencial criativo em que os criadores somos nós mesmos.

Ao afirmar que nossa psique é resultado de nossa constante criatividade, nos faz lembrar de Piaget, ao afirmar que o indivíduo, ao enfrentar novos desafios, constrói suas próprias estruturas mentais.

OS CENTROS VITAIS

O estudo dos centros vitais, para ser bem compreendido, clama por conhecimentos básicos de neurociência. É o Espírito que pensa, sente e age, mas para atuar no mundo físico, utiliza--se do cérebro em seus intrincados mecanismos, que propicia meios para a construção das estruturas nervosas, formadas pelas conexões neuronais que estabelecem as estruturas mentais e, por conseguinte, a vida psíquica.

O estudo do centro coronário, em especial, nos levará a compreender como ocorre a construção da própria mente.

André Luiz, na obra *Entre a Terra e o Céu*, cap. XX, nos informa:

"... o nosso corpo de matéria rarefeita está intimamente regido por sete centros de força, que se conjugam nas ramificações dos plexos e que, vibrando em sintonia uns com os outros, ao influxo do poder diretriz da mente, estabelecem, para nosso uso, um veículo de células elétricas, que podemos definir como sendo um campo electromagnético, no qual o pensamento vibra em circuito fechado."

"Tal seja a viciação do pensamento, tal será a desarmonia no

centro de força, que reage em nosso corpo a essa ou àquela classe de influxos mentais."

Assim, compreendemos que os centros vitais ou centros de forças se localizam na estrutura do perispírito e se conjugam nas ramificações dos plexos, vibrando em sintonia uns com os outros, ao influxo da própria mente.

De acordo com a natureza do pensamento ou com o tipo de viciação mental, tal será a desarmonia no centro de força, a se refletir no corpo físico.

O Espírito atua sobre o corpo físico por intermédio do perispírito, através de **centros vitais** localizados na estrutura psicossomática em íntima relação com o corpo físico.

Através desses centros, que se ligam a todo o sistema nervoso e endócrino, o Espírito recebe as impressões do mundo exterior e atua sobre ele.

Da mesma forma, o Espírito encarnado recebe as impressões do mundo Espiritual com que sintoniza, interagindo constantemente, embora de forma inconsciente para a maioria das pessoas ou mais ou menos consciente para algumas.

Todos os órgãos e sistemas trabalham em conjunto, de forma integrada, sob a coordenação dos **centros vitais:** coronário, cerebral, laríngeo, cardíaco, esplênico, gástrico e genésico.

Os centros genésico, solar, esplênico, cardíaco e laríngeo trabalham sob a coordenação do centro cerebral, que, por sua vez, se subordina ao centro coronário, centro de ligação com o Espírito.

Através do centro coronário, o Espírito interage com o Mundo espiritual, recebendo e emitindo vibrações através do pensamento, energia mentoeletromagnética. Na frequência em que vibra, também recebe vibrações semelhantes.

Através do centro cerebral, o Espírito interage com o Mundo físico, pelas vias sensoriais, recebendo, através dos sentidos, as impressões do mundo físico e nele agindo.

Através dos demais centros, sempre por intermédio do cerebral e do coronário, o Espírito interage com seu mundo interior. Existe, pois, relação íntima entre o interior de cada ser, com o mundo exterior, físico e espiritual.

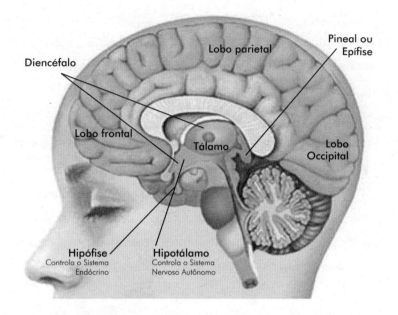

O ***centro coronário***, sede da mente, localiza-se no diencéfalo, na região do tálamo e da epífise e comanda os demais centros juntamente com o cerebral.

O ***centro cerebral*** ou ***frontal***, contíguo ao coronário, situa-se no diencéfalo, mas se exprime em todo o córtex encefálico. Administra todo o sistema nervoso, desde os neurônios sensitivos até as células efetoras, governando o córtex encefálico e todo o sistema endócrino, referente aos poderes psíquicos.

Em seguida, temos o ***centro laríngeo***, que preside aos fenômenos vocais, controlando a respiração e as atividades do timo, da tireoide e das paratireoides.

Logo após, identificamos o ***centro cardíaco***, que sustenta os serviços da emoção e do equilíbrio geral, dirigindo a circulação das forças de base, na linguagem do Espírito André Luiz.

Em seguida temos o *centro esplênico* que, no corpo denso, está sediado no baço, regulando a distribuição e a circulação adequada dos recursos vitais em todos os escaninhos do veículo de que nos servimos, determinando todas as atividades em que se exprime o sistema hemático, dentro das variações de meio e volume sanguíneo.

Continuando, identificamos o *centro gástrico*, que se responsabiliza pela penetração de alimentos e fluidos em nossa organização.

Por fim, temos o *centro genésico*, em que se localiza o santuário do sexo, como templo modelador de formas e estímulos guiando a modelagem de novas formas entre os homens ou o estabelecimento de estímulos criadores, com vistas ao trabalho, à associação e à realização entre as almas.(*)

CENTROS ENCEFÁLICOS

O centro coronário localiza-se no diencéfalo, na região do tálamo e da epífise e comanda os demais centros.

O centro cerebral se relaciona com o hipotálamo e com a hipófise, mas se exprime em todo o córtex.

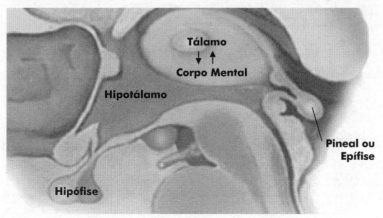

OS CENTROS VITAIS - ESQUEMA

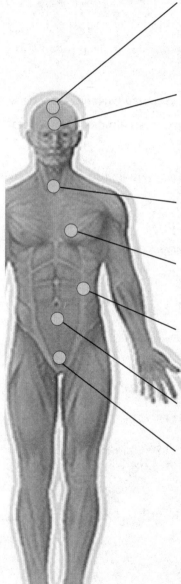

CORONÁRIO: Sede da mente. Supervisiona os demais centros que lhe obedecem aos impulsos. Localiza-se no diencéfalo, na região do tálamo e da epífise neural.

CEREBRAL: Administra todo o sistema nervoso, desde os neurônios sensitivos até as células efetoras, governando o córtex encefálico e todo o sistema endócrino. Relaciona-se com o hipotálamo e com a hipófise.

LARÍNGEO: Controla a respiração e a fonação, as atividades das glândulas do timo, tireoide e paratireoide.

CARDÍACO: Controla a circulação e a emotividade. Situa-se na região do coração.

ESPLÊNICO: Controla as atividades do sistema hemático, variações do meio e volume sanguíneo. Situa-se na região do baço.

GÁSTRICO: Responsável pela digestão e absorção dos alimentos.

GENÉSICO: Estímulos criadores, com vistas ao trabalho, associação e realização entre as almas. Guia a modelagem de novas formas entre os homens.

(*) Baseado nas obras: Entre a Terra e o Céu e Evolução em Dois Mundos -Espírito André Luiz - Francisco Cândido Xavier - Ed. FEB

O diencéfalo é formado pelo tálamo, hipotálamo, epitálamo e subtálamo. O tálamo e o hipotálamo aparecem claramente na figura abaixo. O epitálamo é formado pela pineal, pelas estrias medulares e pelas comissuras habenulares. O subtálamo não aparece na figura, pois se localiza na parte posterior do diencéfalo.

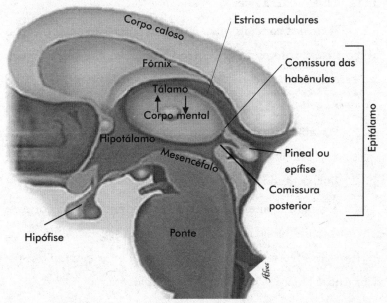

O Espírito André Luiz afirma que "(...) *o centro coronário, através de todo um conjunto de núcleos do diencéfalo, possui no* **tálamo**, *para onde confluem todas as vias aferentes à cortiça cerebral, com exceção da via do olfato, que é a única via sensitiva de ligações corticais que não passa por ele,* **vasto sistema de governança do espírito**.

Aí, nessa delicada rede de forças, através dos núcleos intercalados nas vias aferentes, através do sistema talâmico de projeção difusa e dos núcleos parcialmente abordados pela ciência da

*Terra... verte o pensamento ou fluido mental, por secreção sutil, não do cérebro, mas da mente, fluido que influencia primeiro, por intermédio de impulsos repetidos, toda a região cortical e as zonas psicossomatossensitivas, vitalizando e dirigindo todo o cosmo biológico (...)" (**Evolução em Dois Mundos**, cap.13, Espírito André Luiz, Francisco C.* Xavier)

Podemos concluir que o ponto de interação entre o corpo físico e o Espírito está no **Centro Coronário**, que corresponde, no cérebro físico, à região do diencéfalo, mais precisamente, ao **tálamo** e à **epífise**. .

Percebemos também, que todas as vias aferentes ao córtex passam pelo tálamo, antes de se dirigir ao córtex, com exceção do olfato, que, contudo, também mantém conexões com o tálamo.

Assim, o tálamo recebe as informações antes do córtex e envia os estímulos ao inconsciente profundo, localizado no perispírito, mais precisamente no **corpo mental** que, segundo o Espírito André Luiz, é o "**envoltório sutil da mente**".

Compreendemos que essa ligação do tálamo com o corpo mental não ocorre por meio de conexões neuronais, mas vibratórias, e depende da frequência mental.

Os estímulos externos, pois, ativam impulsos semelhantes arquivados na bagagem do inconsciente do Espírito. Esses impulsos ressurgem no consciente, através das radiações talâmicas que mantêm conexões recíprocas entre o córtex e o tálamo.

Assim, o consciente sintoniza com as estruturas mentais semelhantes aos seus interesses e desejos, que surgem em nível de

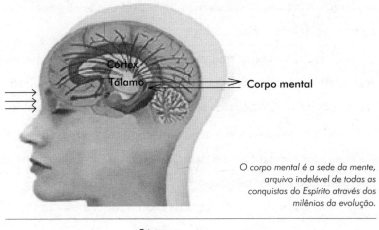

O corpo mental é a sede da mente, arquivo indelével de todas as conquistas do Espírito através dos milênios da evolução.

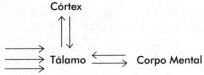

tálamo > corpo mental > tálamo > córtex
As radiações tálamo-corpo mental-tálamo-córtex, são recíprocas.

consciente em forma de tendências, aptidões e impulsos, formando-se uma interação entre o consciente e o subconsciente profundo arquivado no corpo mental, através das vias recíprocas entre o tálamo e o córtex. Embora sem trazer à tona as lembranças de vivências passadas, as estruturas mentais do corpo mental estão "vivas" e podem ser ativadas.

Assim se explica o fenômeno das crianças-prodígio que manifestam sua genialidade desde tenra idade, tal o exemplo de Mozart, Paganini, Pascal e tantos outros.

Da mesma forma, impulsos negativos podem ser reativados pelos estímulos do meio, de tal forma que o passado pode ressurgir no presente, estando na raiz de muitos transtornos cujas causas são desconhecidas.

Percebemos também que o controle está no consciente, ou seja, impulsos infelizes podem surgir, fruto de experiências transatas, mas o Espírito encarnado tem poder de controle e decisão.

Não estamos à mercê de nossos impulsos do passado, pois podemos ter controle sobre tais. Daí a importância do estudo e do conhecimento de nós mesmos e das Leis Divinas que regem mundos e seres e do que se costuma chamar de reforma íntima.

OS NÚCLEOS DO TÁLAMO

Apresentamos a figura abaixo sem a intenção de aprofundar demais, mas com o intuito de demonstrar a enorme função do tálamo, como uma das estruturas (ao lado da epífise, que estudaremos adiante) de maior importância na vida mental.

O tálamo recebe as informações de todas as vias eferentes (exceção do olfato) e as envia ao corpo mental, que ativa as estruturas mentais semelhantes do inconsciente profundo, enviando-as de volta ao tálamo, que as processa e reenvia às áreas correspondentes do córtex encefálico.

O tálamo mantém vastas conexões recíprocas com diversas áreas do córtex e, através de seus núcleos, relaciona-se com a sensibilidade, motricidade, sistema límbico, área pré-frontal, a formação reticular, além de outras áreas Assim, *o centro coronário possui no tálamo vasto sistema de governança do Espírito*, nas palavras do Espírito André Luiz.

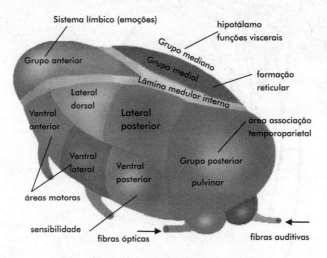

A GLÂNDULA PINEAL

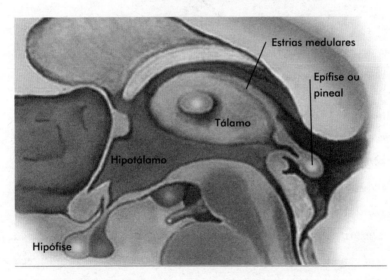

A epífise transforma o impulso neural em ondas eletromagnéticas e as irradia. Ao mesmo tempo, capta as ondas de frequência semelhante e as converte em sinais elétricos transmitidos pelos neurônios do cérebro.

O Espírito André Luiz, na obra *Evolução em Dois Mundos*, capítulo 9, nos informa que "*o* **centro coronário** *a refletir-se na* **glândula pineal** *(...) começa a consolidar-se, por fulcro energético de sensações sutis para a tradução e seleção dos estados mentais diversos, nos mecanismos da reflexão e do pensamento, da meditação*

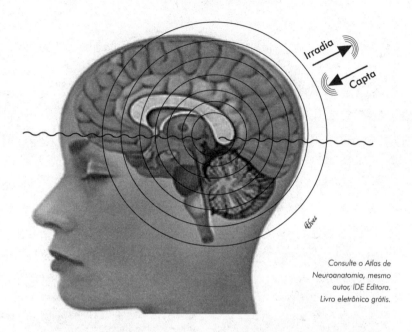

Consulte o *Atlas de Neuroanatomia*, mesmo autor, IDE Editora. Livro eletrônico grátis.

e do discernimento, prenunciando as operações da mediunidade, consciente ou inconsciente, pelas quais Espíritos encarnados e desencarnados se consorciam, uns com os outros, na mesma faixa de vibrações, para as grandes criações da Ciência e da Religião, da Cultura e da Arte, na jornada ascensional para Deus, quando não seja nas associações psíquicas de espécie inferior ou de natureza vulgar, em que as almas prisioneiras da provação ou da sombra se retratam reciprocamente."

Na obra *Missionários da Luz*, André Luiz avança na definição e funções da glândula pineal, informando que se trata da **"glândula da vida mental"**, funcionando como *"o mais avançado laboratório de elementos psíquicos da criatura terrestre"*.

Esclarece ainda que, aos catorze anos, aproximadamente,

reabre os mundos de sensações e impressões na esfera emocional, levando a criatura a recapitular sua sexualidade, sendo que as paixões vividas em outras épocas reaparecem sob fortes impulsos.

O que representava controle sexual, agora é fonte criadora e válvula de escapamento.

Desata, de certo modo, os laços divinos da Natureza, os quais ligam as existências umas às outras, na sequência de lutas, pelo aprimoramento da alma, e deixa entrever a grandeza das faculdades criadoras de que a criatura se acha investida. (Idem, idem)

Percebemos claramente que muitas doenças mentais como a esquizofrenia se manifestam na adolescência ou início da idade adulta, no momento em que a pineal reabre as sensações na esfera emocional e *"as paixões vividas em outras épocas reaparecem sob fortes impulsos".*

O indivíduo é levado a recapitular paixões e sensações arquivadas em seu inconsciente profundo. A pineal irradia seu pensamento em forma de ondas de natureza eletromagnética ou mento-eletromagnética, na linguagem do Espírito André Luiz e, ao mesmo tempo, passa a captar ondas semelhantes emitidas pela mente de Espíritos e as converte em estímulos neurais.

Muitos transtornos mentais têm sua origem em vidas passadas devido a desequilíbrios emocionais e desatinos praticados outrora, como veremos adiante.

Na mesma obra, o Espírito Alexandre esclarece:

"Lamentavelmente divorciados da lei do uso, abraçamos os desregramentos emocionais, e daí, meu caro amigo, a nossa multi-

milenária viciação das energias geradoras, carregados de compromissos morais, com todos aqueles a quem ferimos com os nossos desvarios e irreflexões. Do lastimável menosprezo a esse potencial sagrado, decorrem os dolorosos fenômenos da hereditariedade fisiológica, que deveria constituir, invariavelmente, um quadro de aquisições abençoadas e puras. A perversão do nosso plano mental consciente, em qualquer sentido da evolução, determina a perversão de nosso psiquismo inconsciente, encarregado da execução dos desejos e ordenações mais íntimas, na esfera das operações automáticas. A vontade desequilibrada desregula o foco de nossas possibilidades criadoras.

Daí procede a necessidade de regras morais para quem, de fato, se interesse pelas aquisições eternas nos domínios do Espírito. Renúncia, abnegação, continência sexual e disciplina emotiva não representam meros preceitos de feição religiosa. São providências de teor científico, para enriquecimento efetivo da personalidade. Nunca fugiremos à lei, cujos artigos e parágrafos do Supremo Legislador abrangem o Universo. Ninguém enganará a Natureza.

Centros vitais desequilibrados obrigarão a alma à permanência nas situações de desequilíbrio."

Ainda comentando sobre a pineal, Alexandre esclarece:

"- Segregando delicadas energias psíquicas -prosseguiu ele -, a glândula pineal conserva ascendência em todo o sistema endocrínico. Ligada à mente, através de princípios eletromagnéticos do campo vital, que a ciência comum ainda não pode identificar, comanda as forças subconscientes sob a determinação direta da

vontade. As redes nervosas constituem-lhe os fios telegráficos para ordens imediatas a todos os departamentos celulares, e sob sua direção efetuam-se os **suprimentos de energias psíquicas** *a todos os armazéns autônomos dos órgãos. Manancial criador dos mais importantes, suas atribuições são extensas e fundamentais.*

"Segregando «unidades-força», pode ser comparada a **poderosa usina**, *que deve ser aproveitada e controlada, no serviço de iluminação, refinamento e benefício da personalidade e não relaxada em gasto excessivo do suprimento psíquico, nas emoções de baixa classe."*

Alexandre explica que a pineal *comanda as forças subconscientes sob a determinação direta da vontade.* Portanto, embora surjam impulsos do inconsciente profundo, a vontade ainda é capaz de analisar, verificar, aceitar, reprimir ou redirecionar a energia criadora dos impulsos do inconsciente para os canais superiores da vida.

Se assim não fosse, seríamos prisioneiros de nós mesmos, sem apelação. No entanto, somos chamados a reajustar a nós mesmos para continuar nossa escalada evolutiva.

A CONSTRUÇÃO DA MENTE (*)

Percebemos pois, que a mente é construção nossa através dos milênios evolutivos.

Na luta evolutiva, somos chamados à adaptação de novas situações. A vida sempre nos apresenta novos desafios, impulsionando nossa mente à ação criativa que propicia a construção de novas estruturas mentais.

O Espírito Calderaro, na obra já citada, afirma que *"para que nossa mente prossiga na direção do alto, é indispensável se equilibre, valendo-se das conquistas passadas, para orientar os serviços presentes, e amparando-se, ao mesmo tempo, na esperança que flui, cristalina e bela, da fonte superior de idealismo elevado; através dessa fonte ela pode captar do plano divino as energias restauradoras, assim construindo o futuro santificante."*

Os novos desafios contam com as experiências passadas como ponto de partida para a construção de novas estruturas para vencer tais desafios, nos moldes da teoria de Piaget, com a diferença de que Piaget, por desconhecer a reencarnação, não percebia a influência do inconsciente profundo, fruto das experiências das vidas anteriores, tampouco reconhecia a existência do *"germe de seu aperfeiçoamento"* na linguagem de Kardec em *O Livro dos Espíritos* ou, se preferir, do *"arquétipo a que se destina"* na linguagem de André Luiz em *Evolução em Dois Mundos*.

De forma resumida, podemos afirmar que os estímulos do meio ao passar pelo **tálamo** que, segundo o Espírito André Luiz, corresponde à região onde se encontra o Centro Coronário, no corpo espiritual, as informações recebidas interagem com o inconsciente profundo, localizado no **corpo mental**. Estruturas mentais construídas em outras existências são acionadas e volvem para o consciente, manifestando-se em forma de impulsos, tendências e aptidões.

Ao mesmo tempo, a **pineal** irradia o pensamento em forma de ondas eletromagnéticas que sintonizam com vibrações semelhantes. Além, pois, das informações dos órgãos dos sentidos físicos, o indivíduo capta as ondas mentais com que sintoniza, podendo receber inspiração ou intuições nobilitantes conforme o teor de seu pensamento, ou sintonizar com Espíritos infelizes, intensificando hábitos ou vícios degradantes, ou ainda caindo nas malhas de perseguidores espirituais, resultando em obsessões de longa duração.

O passado, pois, está "vivo" dentro de nós e, embora pareça adormecido, pode ser ativado pelos estímulos do meio físico ou espiritual. Ou seja, os estímulos do meio em que vivemos podem despertar esse passado que, mesmo permanecendo no inconsciente, lança seus impulsos ou pulsões como nos lembra Freud.

No entanto, também pode ocorrer que tais estímulos sejam

inspirados diretamente por benfeitores espirituais, que auxiliam nossa evolução ou a realização de determinadas tarefas com que nos comprometemos.

É importante compreender que mente, para nós, não se relaciona apenas à cognição e ao comportamento, conforme definição atual da ciência.

A mente possui, em seus intrincados mecanismos, o aspecto intelectual (cognição), quanto o sentimento (aspecto afetivo) e a vontade (aspecto volitivo) que correspondem às potências da alma, em constante processo evolutivo, influenciando intensamente o corpo espiritual e o corpo físico.

Inteligência, sentimento e vontade devem estar em harmonia, o que nem sempre acontece.

É exatamente neste sentido que ocorre a maioria dos transtornos mentais, quando o intelecto nos "diz" algo, mas o indivíduo se deixa arrastar pelas emoções, cometendo atos contrários à própria razão. A vontade se desvia pelos caminhos contrários à própria evolução, causando os mais diversos transtornos mentais que também podem se refletir no corpo físico.

Geralmente, tais transtornos podem repercutir por várias encarnações, até que o indivíduo consiga o equilíbrio entre o pensar, o sentir e o agir.

Por isso, não podemos tratar os transtornos da infância e juventude sem considerar a extensão da vida espiritual, pois a causa pode estar em outras vidas.

No entanto, a infância é a melhor época para iniciar o

tratamento que conduzirá o Espírito reencarnado ao equilíbrio mental, alinhando o pensar, o sentir com a vontade Divina que é harmonia, saúde e paz. Mas isso não se consegue apenas com pílulas e comprimidos (a não ser para atenuar os efeitos) mas com o trabalho árduo e incessante da Educação do Espírito.

A CONSTRUÇÃO DA MENTE

ESQUEMA ILUSTRATIVO

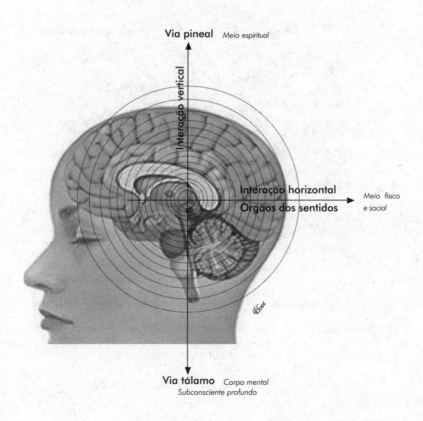

A construção da mente, ou seja, das estruturas mentais, ocorre através da interação do indivíduo com o meio físico e social (interação horizontal) e através do meio espiritual (interação vertical, via pineal), utilizando as estruturas já construídas, tanto em nível do consciente quanto às estruturas arquivadas no corpo mental, via tálamo.

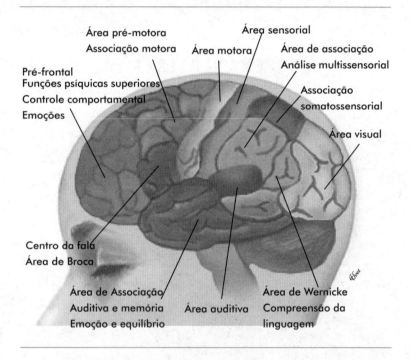

É importante compreender que, ao falarmos da construção da mente, não estamos apenas nos referindo ao aspecto intelectual, mas a toda a estrutura que gerencia o cosmo orgânico.

"*Compreensível salientar que o princípio inteligente, no de-*

Vide: **Educação do Espírito**, mesmo autor - IDE Editora.

curso dos evos, plasmou em seu próprio veículo de exteriorização as conquistas que lhe alicerçariam o crescimento para maiores afirmações nos horizontes evolutivos." (*Evolução em Dois Mundos,* Espírito André Luiz, Francisco C. Xavier)

Assim é que os desequilíbrios da mente podem afetar o funcionamento das mais diversas áreas tais como: a parte motora, a visão, o centro da fala, a área auditiva, a compreensão da linguagem e também as funções da área pré-frontal , onde ocorrem as funções psíquicas superiores e o controle emocional e comportamental.

Vide: *A Construção da Mente,* mesmo autor - IDE Editora.

O ASPECTO ESPIRITUAL DOS TRANSTORNOS MENTAIS

Na obra *No Mundo Maior*, item 12, o Espírito Calderaro esclarece a André Luiz:

"– Este ramo ingrato da Ciência, que estuda a patologia da alma – declarou o companheiro, compreendendo a minha insipiência –, é, há muito tempo, campo de batalha entre fisiologistas e psicologistas; tal conflito é, em verdade, lamentável e bizantino, de vez que ambas as correntes possuem razões substanciais nos argumentos com que se digladiam. Somos, contudo, forçados a reconhecer que a psicologia ocupa a melhor posição, por escalpelar o problema nas adjacências das causas profundas, ao passo que a fisiologia analisa os efeitos e procura remediá-los na superfície."

Sob o ponto de vista espiritual, percebemos que as causas primeiras das enfermidades mentais e mesmo físicas estão quase sempre relacionadas ao próprio Espírito, em sua forma de pensar, sentir e agir.

Não há dúvida de que nosso pensamento, em especial nossas emoções, influenciam todo o cosmo orgânico e, como somos

Espíritos em evolução, muito longe ainda da perfeição, estamos sujeitos a erros mais ou menos graves que causam desarmonias em nosso próprio ser.

Sujeitos à Lei de Causa e Efeito que, em verdade, direciona nossa ação pelos caminhos superiores da vida, em meio a muitas e variadas experiências evolutivas, estamos suscetíveis a erros e acertos, que, em condições normais, nos predispõem a novas lutas e desafios.

A maneira como o indivíduo encara as experiências da vida, os novos desafios, é fundamental para o desenvolvimento de suas potencialidades, podendo também conduzir o indivíduo a subterfúgios como fuga, ansiedade exagerada, medos, angústias, sentimento de culpa e outros transtornos mentais de maior ou menor gravidade.

Atitudes equivocadas do passado podem surgir como solução de uma experiência presente, levando o indivíduo a repetir experiências dolorosas.

O mecanismo evolutivo sempre nos levará de volta ao ponto onde falimos, para o devido resgate e aprendizado.

Nessa luta evolutiva, em que somos chamados à adaptação a novas situações, muitas vezes conflitivas com nossos impulsos interiores, está a causa de muitos transtornos mentais que também podem se refletir na organização fisiológica.

Evolução é mudança, são transformações íntimas que, muitas vezes, requerem criatividade, energia criadora para vencer os desafios que surgem naturalmente na escalada evolutiva.

Muitos Espíritos aceitam os desafios de forma natural e, com certa tranquilidade, se adaptam às novas situações da vida.

Outros, no entanto, se mantêm avessos a mudanças pelas mais diferentes razões. Seja pelo receio do novo, pelo sentimento de incapacidade de mudança, pela acomodação aos seus padrões interiores, ou por outras razões internas, que geralmente têm suas raízes na ignorância às leis Divinas que regem mundos e seres, ou seja, pelo desconhecimento de si mesmo e do imenso potencial que possuem em estado latente e que os capacitaria a realizações fabulosas.

Muitos Espíritos se entregam à revolta ou a fugas da realidade, quase sempre motivados pelo orgulho, pelo egoísmo, pelo excessivo apego aos bens materiais ou simplesmente por medo ou comodismo.

Embora a Lei Divina respeite o livre-arbítrio do indivíduo, ninguém permanece estacionado eternamente. A Lei de Causa e Efeito irá corrigir nossos desacertos e erros contrários à marcha evolutiva, levando-nos a colher o que semeamos.

Se ninguém perde o que já conquistou, pois não há retrocesso no processo evolutivo, estacionar no meio do caminho enquanto o mundo em volta evolui, causará a sensação de inferioridade, de incapacidade ou, o que seria lamentável, de revolta, induzindo o indivíduo à violência ou, nos casos mais graves, de ações truculentas e até usando de crueldade para com seus semelhantes.

No entanto, o orgulho exacerbado, pode levar o indivíduo a se crer superior aos demais, colocando-se em uma posição de falsa superioridade, que raia à loucura. Tal o caso de personagens de nossa história, como os déspotas e líderes autocratas, que devem ser tidos como portadores de graves distúrbios mentais.

Em todos os casos, está o não *conhecimento de si mesmo*, a não aceitação do processo evolutivo e da mudança interior e consequente fuga da realidade.

Soma-se a isso tudo a possível interferência espiritual de Espíritos desencarnados, seja por vinculação psíquica por afinidade, seja em processos de obsessão, que podem ser simples ou intensamente dolorosos, provocados por inimigos do passado, por vingança ou cobrança de nossos equívocos de vidas anteriores.

É preciso compreender que o obsessor é também um Espírito enfermo e infeliz, necessitando de esclarecimento e amor para se desvencilhar dos grilhões que ele mesmo forjou para si mesmo, vítima dos próprios sentimentos de ódio, rancor ou desejo de vingança.

O obsidiado, quase sempre atormentado pelo medo e por remorso, mesmo inconsciente, mergulhado em complexo de inferioridade e culpa, não encontra força em si mesmo para se libertar da tremenda influência coercitiva. Necessita de compreensão e paciência, mas também do convite à renovação de sua atitude mental, devendo mesmo traçar um programa de melhoria íntima através do estudo, da meditação, da prece e da prática da caridade.

Ainda há que se considerar a possibilidade de que mentes viciadas e atormentadas, muitas vezes presas a monoideia obsessiva, podem sincronizar com mentes imprevidentes ou imprudentes que lhes permita sintonia, gerando problemas graves de vampirismo torturante, nos quadros dolorosos de alcoolismo, drogadição, tabagismo ou sexo desregrado.

Sempre considerando que cada caso é um caso em particular, também pode ocorrer ressonância vibratória com vivências do passado que, no entanto, se encontram gravadas no inconsciente profundo, ou seja, no corpo mental. A queda vibratória, principalmente por sentimento de culpa, leva o indivíduo à sintonia de nível inferior, trazendo ao presente as sensações do passado, seja em forma de vaga lembrança, sensações estranhas, fobias, ou mesmo imagens e cenas deste passado, que atormentam o indivíduo, muitas vezes de forma intensa.

A ressonância vibratória pode ocorrer também pela simples aproximação de um Espírito que, no intervalo das reencarnações, lhe foi desafeto ou mesmo torturador, nas esferas inferiores do Mundo Espiritual, como é o caso do jovem Marcelo, citado por André Luiz, no livro *No Mundo Maior*, e que será revisto em outro capítulo desta obra.

É importante considerar as particularidades de cada caso, pois mesmo um Espírito que já atingiu considerável grau evolutivo, e que, porventura ainda traz o sentimento de culpa por atos praticados em passado recente ou remoto, pode se sujeitar a dificuldades provacionais, visando libertar a própria consciência do sentimento de culpa, o que, de acordo com o estágio evolutivo do Espírito, pode ser muito doloroso e um impedimento de sua escalada evolutiva. Nestes casos, o surgimento ou não de transtornos mentais dependerá da maneira como o Espírito reencarnado enfrenta as provas escolhidas por ele próprio. A confiança em si mesmo e em Deus, coragem e determinação são fatores indispensáveis ao sucesso. O recuo na hora da prova, o medo ou a revolta poderão levar o indivíduo a desenvolver determinados transtornos mentais, conforme seja sua vibração mental.

Temos ainda casos de reencarnação compulsória em que o Espírito reencarnante pode rejeitar a nova existência que se lhe afigura como um destino imposto por outrem. Ao invés de colaborar com seu próprio processo evolutivo, revolta-se contra injunções e experiências da vida, atrapalhando as possibilidades de seu próprio progresso espiritual.

Muitos transtornos congênitos podem ter sua origem nos dramas ocorridos durante o período da desencarnação do Espírito, em dolorosas experiências expiatórias em que perseguidores cruéis o torturaram por longo período. Ao renascer, traz as marcas do suplício vivenciado que pode ter alterado suas estruturas mentais de maneira severa, como veremos mais adiante.

Em outros casos, pode ocorrer que a manifestação dos transtornos mentais surja apenas na adolescência ou início da idade adulta, quando a pineal *"reabre os mundos de sensações e impressões na esfera emocional, levando a criatura a recapitular sua sexualidade, sendo que as paixões vividas em outras épocas reaparecem sob fortes impulsos"*, como vimos anteriormente e como veremos em vários casos adiante.

AÇÃO DOS NEUROTRANSMISSORES NOS TRANSTORNOS MENTAIS

A ciência moderna tem observado a ação dos neurotransmissores em muitos transtornos mentais, destacando o aspecto químico dos transtornos. Por exemplo, a depressão seria causada pela falta de neurotransmissores como a serotonina e a endorfina, que proporcionam uma sensação de conforto, prazer e bem estar.

Necessitamos, pois, estudar a ação dos neurotransmissores, como são sintetizados e liberados no organismo, para compreender, como veremos adiante, que nossas emoções interferem de diversas formas na síntese das proteínas envolvidas na produção dos neurotransmissores.

Embora a participação dos neurotransmissores em muitos transtornos mentais, veremos que eles estão no campo dos efeitos. A causa está na mente, na forma de pensar, sentir e agir. Nosso pensamento, em especial nossas emoções, podem influenciar todo o cosmo orgânico, como veremos adiante.

Para termos uma ideia da participação, embora no campo dos efeitos, dos neurotransmissores nos transtornos mentais, citamos abaixo, resumidamente, o efeito dos principais neurotransmissores.

A maior parte dos neurotransmissores são classificados em três categorias: *aminas, aminoácidos* e *peptídeos*.

AMINAS BIOGÊNICAS

Acetilcolina - tem importante papel na aprendizagem e memória. Age tanto no sistema nervoso central como no sistema nervoso periférico.

Serotonina - desempenha papel em muitas partes do organismo. Regula sono, humor, apetite, e sua falta no organismo pode provocar depressão, ansiedade, obesidade, enxaqueca, etc.

Noradrenalina (ou norepinefrina) - influencia o humor, a ansiedade, o sono e a alimentação, junto com a serotonina, dopamina e adrenalina.

Adrenalina (ou epinefrina) - neurotransmissor e hormônio. Em momentos de estresse, prepara o organismo para grandes esforços físicos, estimula o coração, eleva a tensão arterial, eleva o nível de açúcar, relaxa certos músculos e contrai outros.

Dopamina - está envolvida no controle de movimentos, aprendizado, humor, emoções, cognição e memória.

AMINOÁCIDOS:

GABA – um aminoácido derivado do ácido gama aminobutírico, é o principal neurotransmissor inibitório do sistema nervoso central.

Glutamato – importante neurotransmissor, que desempenha um papel chave na potenciação de longa duração, importante para o aprendizado e a memória. Tem ação direta no sistema nervoso central.

Aspartato - neurotransmissor excitatório no cérebro.

PEPTÍDIOS:

Endorfina - além de neurotransmissor, é considerado o hormônio do prazer. Melhora a memória, a concentração, o bom humor, a disposição física e mental, auxilia o sistema imunológico e alivia as dores.

Encefalina - alivia a dor (mecanismo de analgesia) e produz uma sensação de euforia.

Oxitocina - produz contrações musculares uterinas, reduz sangramento durante o parto, estimula a liberação do leite materno, desenvolve apego e empatia entre pessoas, produzindo parte do prazer do orgasmo.

Vasopressina - hormônio antidiurético, secretado em casos de desidratação e queda da pressão arterial.

Adenosina - no cérebro, é um neurotransmissor inibitório, atuando como calmante do sistema nervoso central, aliviando a ansiedade, diminuindo a frequência respiratória e induzindo ao sono.

Os neurotransmissores são sintetizados em várias partes da célula nervosa e armazenam-se em vesículas localizadas nos terminais sinápticos, de onde são liberados mediante impulso adequado.

As aminas e aminoácidos são sintetizadas a partir de enzi-

FORMAÇÃO RETICULAR DO TRONCO ENCEFÁLICO

Na formação reticular se encontram os neurônios onde são sintetizados os principais neurotransmissores, como se observa nas figuras abaixo:

O sistema reticular faz conexões com o tálamo, córtex, hipotálamo, sistema límbico, cerebelo, nervos cranianos e medula espinhal. Ao se conectar com o tálamo, liga-se ao corpo mental.

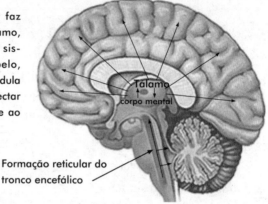

Formação reticular do tronco encefálico

ESQUEMA DA FORMAÇÃO RETICULAR DO TRONCO ENCEFÁLICO

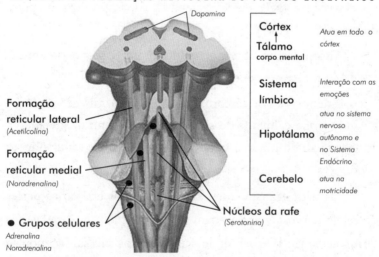

Dopamina

Formação reticular lateral
(Acetilcolina)

Formação reticular medial
(Noradrenalina)

● Grupos celulares
Adrenalina
Noradrenalina

Córtex ↑ Tálamo — Atua em todo o córtex
corpo mental

Sistema límbico — Interação com as emoções

Hipotálamo — atua no sistema nervoso autônomo e no Sistema Endócrino

Cerebelo — atua na motricidade

Núcleos da rafe
(Serotonina)

Como veremos adiante, a vibração do pensamento, em especial das emoções, interfere na síntese dos neurotransmissores.

mas produzidas no corpo do neurônio e encaminhadas ao terminal do axônio, onde são rapidamente sintetizadas.

Os neurotransmissores peptídeos (ou neuropeptídeos), na sua maioria, são derivados de precursores de proteínas.

Resumidamente, a síntese do neurotransmissor se inicia no núcleo celular, com a transcrição de um gene em RNA, que migra para o citoplasma, onde ocorre a tradução nos ribossomas do retículo endoplasmático rugoso. Em seguida, migram para o aparelho de Golgi, onde são "empacotados" em vesículas, e seguem para o terminal do axônio, onde ocorre a sinapse e a liberação dos neurotransmissores.

SÍNTESE DOS NEUROTRANSMISSORES

Esquema representativo do corpo do neurônio

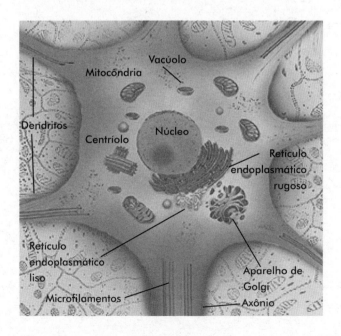

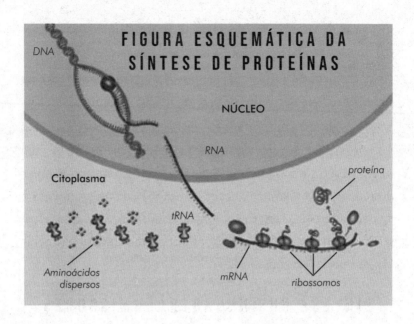

AÇÃO DAS EMOÇÕES NA SÍNTESE DOS NEUROTRANSMISSORES

Como veremos, embora de foma resumida, as vibrações da mente fazem vibrar o citoplasma das células, a partir do citogel até o citosol, transmitindo tais vibrações ao núcleo celular e, assim, atuando no DNA e na síntese de proteína.

O homem é um ser que pensa, sente e age. O pensamento se irradia em forma de ondas de natureza eletromagnética ou mentoeletromagnética na linguagem de André Luiz, carregando consigo os elementos do intelecto, as vibrações do sentimento com certa intensidade, dependendo da vontade.

O pensamento, pois, está carregado com as vibrações mentais do Espírito, que se irradia com determinada intensidade.

Kardec, na obra *A Gênese*, cap. XIV, afirma que o pensamento pode alterar as propriedades dos fluidos sutis, afirmando que: *"Sendo esses fluidos o veículo do pensamento e podendo este modificar-lhes as propriedades, é evidente que eles devem achar-se impregnados das qualidades boas ou más dos pensamentos que os fazem vibrar, modificando-se pela pureza ou impureza dos sentimentos."*

Assim, os fluidos adquirem as propriedades do pensamento que, segundo Kardec, podem ser: *"sob o ponto de vista moral, trazem o cunho dos sentimentos de ódio, de inveja, de ciúme, de orgulho, de egoísmo, de violência, de hipocrisia, de bondade, de benevolência, de amor, de caridade, de doçura, etc. Sob o aspecto físico, são excitantes, calmantes, penetrantes, adstringentes, irritantes, dulcificantes, soporíficos, narcóticos, tóxicos, reparadores, expulsivos; tornam-se força de transmissão, de propulsão, etc."*

A mente, pois, cria o fluido mentomagnético que se irradia por todo o organismo fisiopsicossomático (físico e perispiritual), integra-se ao sangue e à linfa, percorre cada célula, e age diretamente sobre o citoplasma, onde, segundo o Espírito André Luiz, as forças físicas e psicossomáticas se unem e interagem entre si.

Além de contaminar todo o cosmo orgânico, a vibração mental, fazendo vibrar o citoplasma das células, transmite tais vibrações ao núcleo celular, atuando assim no DNA e na síntese de proteínas e polipeptídeos.

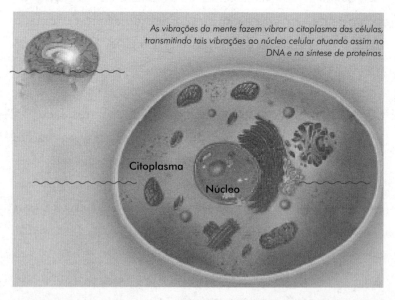

As vibrações da mente fazem vibrar o citoplasma das células, transmitindo tais vibrações ao núcleo celular atuando assim no DNA e na síntese de proteínas.

Citoplasma
Núcleo

Consulte o Atlas de Neuroanatomia, mesmo autor e editora.

AS EMOÇÕES E O SISTEMA LÍMBICO

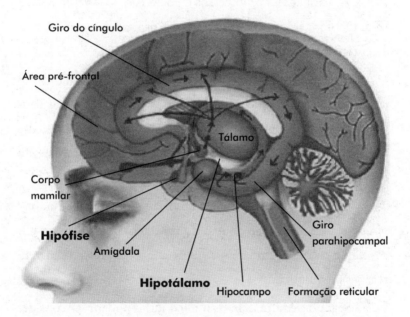

O sistema límbico é um grupo de estruturas associado às emoções e impulsos. É formado pelo giro do cíngulo, giro parahipocampal, hipocampo, amígdala, área septal, núcleos mamilares, núcleos anteriores do tálamo, parte do hipotálamo, núcleos habenulares e está ligado ao córtex pré-frontal. Pouco conhecida é a ação da **pineal** ou **epífise neural**, que mantém conexão com o sistema límbico através dos núcleos habenulares. A formação reticular também mantém íntima ligação com essas áreas. A formação reticular é o principal núcleo onde estão os neurônios responsáveis pela produção dos principais neurotransmissores: serotonina, noradrenalina, dopamina, etc)

Essas áreas que formam o sistema límbico estão intimamente relacionadas aos processos emocionais, ao sistema nervoso autônomo, sistema endócrino e aos processos motivacionais essenciais à sobrevivência da espécie e do indivíduo.

Considerando a influência da vibração mental em todas as células, inclusive nos neurônios e, portanto, na síntese dos neurotransmissores, percebemos claramente que as enfermidades físicas ou mentais são efeitos cuja causa está no próprio Espírito em sua forma de pensar, sentir e agir.

Temos ainda a considerar a função da **mitocôndria,** responsável pela respiração celular. É abastecida com oxigênio e glicose, que converte em energia química que pode ser usada em reações bioquímicas.

Segundo André Luiz, as mitocôndrias podem ser consideradas "*acumulações de energia espiritual, em forma de grânulos, assegurando a atividade celular, por intermédio da qual a mente transmite ao carro físico a que se ajusta, durante a encarnação, todos os seus estados felizes ou infelizes...*" (*Evolução em Dois Mundos* - grifo nosso).

As mitocôndrias estão imersas no citosol, entre as diver-

MITOCÔNDRIA

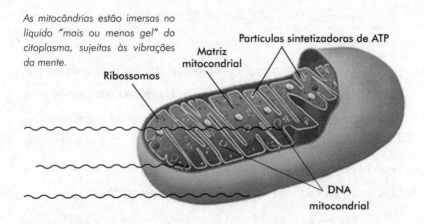

As mitocôndrias estão imersas no líquido "mais ou menos gel" do citoplasma, sujeitas às vibrações da mente.

Ribossomos
Matriz mitocondrial
Partículas sintetizadoras de ATP
DNA mitocondrial

A vibração da mente faz vibrar o citoplasma onde a mitocôndria está inserida, fazendo vibrar o fluido da matriz mitocondrial. A vibração atinge o DNA influenciando a síntese de proteínas bem como a energia liberada pela respiração celular.

sas organelas que preenchem o citoplasma das células. Como vimos as vibrações da mente fazem vibrar o citoplasma das células, transmitindo tais vibrações ao núcleo celular e também às mitocôndrias.

A cavidade interna das mitocôndrias é preenchida por um fluido denominado matriz mitocondrial, onde estão presentes diversas enzimas, além de DNA e RNA e pequenos ribossomos e substâncias necessárias à fabricação de determinadas proteínas.

No interior das mitocôndrias ocorre a respiração celular, processo em que moléculas orgânicas de alimento reagem com gás oxigênio (O2), transformando-se em gás carbônico (CO2) e água (H2O) e liberando energia que é armazenada em uma substância chamada ATP (adenosina trifosfato), que se difunde para todas as regiões da célula, fornecendo energia para as mais diversas atividades.

As vibrações mentais podem interferir na síntese de proteínas determinadas pelo DNA mitocondrial, bem como influenciar a energia que deverá sustentar as mais diversas atividades celulares. Podemos, assim, compreender a explicação de André Luiz de que *"a mente transmite ao carro físico a que se ajusta, durante a encarnação, todos os seus estados felizes ou infelizes."*

No mesmo capítulo da obra citada, André Luiz nos fala dos hormônios e enzimas que mantêm o equilíbrio orgânico, mas cita também que *"nos traumas cerebrais da cólera e do colapso nervoso, da epilepsia e da esquizofrenia, como em tantas outras condições anômalas da personalidade, vamos encontrar essas mesmas fermentações no campo das células, mas em caráter de energias degeneradas, que correspondem **às turvações mentais que as provocam.**"*

Percebemos claramente que nossa mente, em especial nosso sentimento, atuam em todo o cosmo orgânico, integram-se ao sangue e à linfa, percorrem cada célula, transmitindo suas vibrações ao núcleo celular, atuando no DNA e na síntese de proteínas, bem como atuando na energia de sustentação das próprias células (e portanto, de todo o indivíduo), energia essa liberada pelas mitocôndrias.

Na mesma obra, o autor explica que *"o metabolismo su-*

bordina-se à direção espiritual, tanto mais intensa e exatamente, quanto maior a quota de responsabilidade do ser pelo conhecimento e discernimento de que disponha..." (grifo nosso).

A frase acima mereceria um estudo à parte, pois percebemos que tudo é relativo ao grau de "*responsabilidade do ser pelo conhecimento e discernimento de que disponha*", ou seja, ao grau evolutivo do Espírito.

Uma falta grave realizada por um Espírito ainda em estágio inferior de evolução não ocasionará efeitos tão graves quanto a mesma falta realizada por um Espírito em grau evolutivo superior.

Um Espírito primitivo está na fase de aprender pelo "erro - acerto" e o "peso"em sua consciência será relativo ao seu estágio evolutivo. Um Espírito já em elevado estado evolutivo sentirá em si mesmo o "peso" de sua consciência, que o atormentará até que possa resgatar ou remir-se de sua falta.

A Psicologia Espírita, pois, vem ampliar de maneira profunda nossa visão da mente e dos transtornos mentais, reforçando a ideia de que cada caso é um caso em particular, com muitas variáveis a se considerar, como veremos a seguir, no estudo de casos.

PARTE II

OS TRANSTORNOS MENTAIS

Este capítulo está baseado em estudos, pesquisas e na prática pessoal de nosso grupo, bem como na assistência amorosa de benfeitores espirituais que nos assessoraram em todo o nosso trabalho.

Fomos orientados a citar as causas de cada transtorno do ponto de vista da ciência atual para depois demonstrar o aspecto espiritual dos mesmos, cujas causas primárias estão, quase sempre, em dramas acorridos em vidas anteriores.

No entanto, nosso objetivo não é apenas estudar as causas, mas também e principalmente, demonstrar a importância da terapia espiritual que pode e deve caminhar ao lado da psicoterapia tradicional.

Mas muito mais do que isso, nossos estudos nos levam a concluir, juntamente com os benfeitores espirituais, que a terapia espiritual, implícita principalmente na evangelização do Espírito desde a mais tenra idade, tem enorme valor preventivo e profilático, capaz de atenuar, prevenir ou evitar muitos transtornos e suas complicações que poderiam advir na infância ou na adolescência.

Além dos livros citados na bibliografia, valemo-nos especialmente das obras de Kardec e de André Luiz, psicografadas por Francisco Cândido Xavier.

De valor inestimável também estão as obras de Joanna de Ângelis e as de Manoel Philomeno de Miranda, psicografadas por Divaldo Pereira Franco.

No entanto, por sugestão de amigos espirituais, iniciamos por dois casos que guardam certas semelhanças em sua origem, mas total diferença em sua solução, demonstrando com clareza a imensa importância da terapia espiritual e o valor inestimável da evangelização do Espírito, da prece e de um ambiente espiritualmente elevado.

Passamos assim nossos estudos à apreciação dos leitores.

ESQUIZOFRENIA - O CASO DE JOEL

A esquizofrenia é um transtorno mental complexo que se manifesta na adolescência ou no início da idade adulta, e que dificulta na distinção entre as experiências reais e imaginárias, interfere no pensamento lógico, nas emoções e no comportamento.

Os principais sintomas são:

Alucinações: ouvir vozes ou ver coisas que os demais não percebem, mas que para o esquizofrênico são fatos reais.

Delírio: crença em fatos que não possuem base na realidade, como a sensação de que está sendo perseguido ou assediado ou a sensação de que algo muito ruim está prestes a acontecer.

Pensamento desorganizado: as respostas às perguntas feitas podem ser parciais ou desconexas, sugerindo a incapacidade de formar uma linha de pensamento coerente.

Outros sintomas podem surgir como dificuldade de expressar sentimentos, não fazer contato visual ou alterar as expressões faciais, isolamento social, perda de interesse em atividades cotidianas, incapacidade de sentir prazer, falta de vontade e iniciativa ou dificuldade em planejar e realizar atividades normais.

As causas são desconhecidas da ciência tradicional, embora varias hipóteses sejam estudadas, tais como evidências de anormalidade nas estruturas no cérebro, cujas alterações poderiam ter início durante o desenvolvimento do sistema nervoso central, complicadas por fatores genéticos e não genéticos. Sugerem também que a deficiência ou excesso de hormônios da tireoide e de vitamina A possam estar associadas a perturbações no desenvolvimento do sistema nervoso.

Outros estudos sugerem que a neurodegeneração acontece nos primeiros anos da doença, ou seja, início da adolescência.

Estudos sugerem também uma desestabilização sináptica, o que inclui a hipótese de alterações no sistema neurotransmissor.

A hipótese dopaminérgica se baseia na ideia de que a esquizofrenia está associada a um estado de hiperatividade dopaminérgica, principalmente na via mesolímbica (que faz conexão com o sistema límbico).

Outros estudos, contudo, postulam que os sintomas negativos da doença estariam associados a um estado hipodopaminérgico no córtex frontal, ocasionando baixo desempenho em testes neuropsicológicos para o córtex frontal.

Outras hipóteses surgiram associando, além da dopamina, a serotonina e a noradrenalina.

Talvez a hipótese mais interessante seja a que relaciona o glutamato, o principal neurotransmissor excitatório do SNC, cujos níveis estavam diminuídos em pacientes esquizofrênicos, relacionando-o (o glutamato) aos receptores de neurônios GA-

BAérgicos que, por sua vez, inibem as vias excitatórias de outras áreas corticais e subcorticais como o sistema límbico.

Embora as diversas hipóteses e os incansáveis estudos dos pesquisadores, os resultados permanecem no campo dos efeitos, sem chegar às causas da enfermidade mental.

O CASO DE JOEL (*)

Analisando um caso de esquizofrenia catatônica, em que o paciente permanece por horas a fio na mesma posição, praticamente sem responder a nenhum estímulo externo, foi-nos contada, por amigo espiritual, a história do paciente a quem chamaremos de Joel.

Em vida passada, Joel, aos trinta anos, tinha uma vida dissoluta, aparentemente sempre alegre, mas rebelde, sem princípios morais, acostumado a ter tudo o que desejava.

Passou a assediar uma jovem a quem chamaremos Margarida, noiva de um jovem militar, já em preparativos para o casamento.

Após meses de assédio, sempre rejeitado pela jovem, assassinou o jovem militar, fazendo parecer um acidente.

No entanto, suas investidas para conquistar a jovem foram infrutíferas e, depois de certo tempo, raptou-a pretendendo submetê-la aos seus caprichos. A família da jovem, em desespero, tudo fez para encontrá-la, sem sucesso contudo.

Cerca de um ano depois, Joel, cansando-se da situação, libertou a jovem em cidade longínqua, totalmente ao desamparo, e ela, em terrível estado mental, veio a suicidar-se.

Alguns anos depois, Joel foi assassinado por desafetos, e ao despertar no Mundo Espiritual viu-se frente a frente com o jovem militar que assassinara e uma turba de outros desafetos que conquistara durante sua vida de deslealdade e abusos de todos os tipos.

Aprisionado, sofreu todo tipo de suplícios e tormentos, sendo seviciado por muitos anos, até que, pouco a pouco, a maioria de suas vítimas transformadas em algozes foram se afastando pelos impositivos evolutivos.

Pela intercessão de Espíritos superiores, foi encaminhado a nova encarnação em cidade do Brasil.

Sua infância, embora permeada de pesadelos que o acometiam durante o sono físico, não chegou a receber nenhum diagnóstico de transtornos mais graves.

No entanto, no início da puberdade, a glândula pineal, de posição estacionária, reabre os canais que ligam as vidas sucessivas, *"entregando-se a criatura à recapitulação da sexualidade, examinando o inventário de suas paixões vividas noutra época, que reaparecem sob fortes impulsos"* (*Missionários da Luz*, André Luiz, Francisco C. Xavier).

O que antes eram apenas sonhos e pesadelos, ressurgem em sua mente como lembranças reais, tidas como delírios.

Cenas, tanto de sua vida passada quanto os acontecimentos dolorosos ocorridos durante o período em que esteve desencarnado, quando sofreu terríveis torturas de seus desafetos, surgiam em sua mente, tidas como imaginárias ou irreais.

A sensação de perseguição se intensifica pelo sentimento de culpa que permanece vivo nos arquivos do inconsciente.

Vozes acusadoras clamavam em sua mente: *"assassino"*, *"maldito"*, *"pervertido"*!

Os sintomas vão-se agravando com o passar do tempo, até o diagnóstico definitivo: esquizofrenia.

A interferência na mente de forma direta pelos Espíritos que o atormentam, ou indiretamente, causada pelas lembranças, causam dificuldade de organizar o pensamento de forma coerente, refletindo nas conexões neurais da área de Broca, ocasionando a fala desorganizada.

Da mesma forma, os intensos distúrbios mentais alteram as conexões do córtex pré-motor e do córtex parietal posterior, responsáveis para planejar e executar movimentos, desorganizando assim a habilidade motora. Ao afetar estruturas do sistema límbico, altera o controle relativo das emoções, causando os mais diferentes distúrbios na área afetiva.

A "salvação" seria a elevação do padrão vibratório capaz de intensificar a ação da área pré-frontal, responsável pelo discernimento, responsável pelo planejamento, tomada de decisões, modulação do comportamento social, controle da impulsividade, tarefas cognitivas mais complexas, enfim, a área pré-frontal corresponde à área mais elevada do encéfalo.

No entanto, o próprio sentimento de culpa, a inabilidade

para a prece e o distanciamento da fé, o impedem de buscar a essência Divina que vibra em si mesmo e que o colocaria em contato vibratório com aqueles que, de mais alto, o querem auxiliar.

A elevação do padrão vibratório alteraria a vibração da epífise neural, levando o paciente a se desligar gradualmente do passado e sintonizar com vibrações superiores, auxiliando-o na recuperação e propiciando condições para iniciar o processo de reparação necessária ao completo equilíbrio mental, num futuro mais ou menos distante, dependendo dele mesmo.

No entanto, o pobre Joel decaiu para a posição catatônica, fechando-se num mutismo seletivo e severa apatia, permanecendo horas na mesma posição como quem procura fugir da realidade, permanecendo assim, quase impermeável às sugestões dos que desejavam ajudá-lo.

O estado catatônico poderia ser revertido pela vontade do Espírito, embora lentamente e com ação terapêutica multidisciplinar, incluindo a psicoterapia, terapia acupacional, arteterapia e outras.

No entanto, o paciente precisa apresentar condições mínimas de, relacionalmente, sair da severa apatia e do mutismo em que se encontra, para interagir com os terapeutas.

O sentimento de culpa lhe prende na anedonia, ou seja, na incapacidade de sentir prazer, punindo-se a si mesmo.

A Providência Divina, contudo, não o abandona. Benfeitores espirituais, durante o desprendimento no sono físico induzido, conduzem-no à reunião mediúnica onde o mesmo consegue se manifestar, um tanto liberto das imposições da matéria.

As orientações recebidas durante este estado de desprendimento permanecem em nível semiconsciente, mas atuam no estado geral do paciente, que revela algumas melhoras.

Nessas reuniões, procura-se conscientizá-lo de que é um Espírito imortal, filho de Deus que o ama e que o criou para ser feliz na eternidade. A Providência Divina lhe abrirá as portas para novo recomeço, quando poderá quitar seus débitos com sua própria consciência, seguindo novo caminho evolutivo, rumo à perfeição relativa que nos aguarda a todos.

Joel permanece internado em clínica psiquiátrica no interior de São Paulo, onde vem recebendo os cuidados de que necessita, apresentando, embora lentamente, algumas melhoras.

Comparemos, agora, o caso de Joel com o próximo caso, do jovem Marcelo, citado na obra de André Luiz, *No Mundo Maior*, psicografia de Francisco Cândido Xavier, no qual veremos a enorme importância da prece e da evangelização da infância na recuperação do Espírito encarnado.

EPILEPSIA - O CASO DE MARCELO

Existem diferentes tipos de distúrbios epilépticos, mas em geral são resultantes de atividade neuronal excessiva, hipersincrônica e anormal dos neurônios.

As causas, segundo a ciência tradicional, podem estar ligadas, nos mais jovens, a doenças genéticas ou má formação cerebral, ou ainda (nos mais velhos) a lesões no cérebro devido a uma forte pancada ou a uma infecção como meningite e encefalite ou ainda a tumores cerebrais.

A crise convulsiva, mais conhecida como "ataque epiléptico", ocorre quando o paciente perde a consciência e cai, apresentando contrações musculares por todo o corpo, podendo ocorrer salivação, respiração ofegante e outros sintomas.

Na crise do tipo "ausência", a pessoa perde o contato com o meio por alguns segundos, ficando com o olhar "parado" ou fixo, podendo retornar em alguns instantes ao que estava fazendo.

Também podem ocorrer crises parciais, em que o paciente experimenta sensações estranhas, medo repentino, permanecendo alerta ou fazendo movimentos automáticos.

Alguns autores afirmam que a epilepsia é uma doença neurológica, não mental. Todavia, aprendemos de sobejo que os transtornos mentais e mesmo os problemas neurológicos são efeitos e, não, causa. Sem descartar a proposição neurológica e considerando os grandes avanços nesta área e os benefícios que podem suavisar os sofrimentos dos pacientes, temos que convir que ainda estamos no campo dos efeitos.

Na obra *No Mundo Maior*, de André Luiz, psicografia de Francisco C. Xavier, o Espírito Calderaro cita o caso do jovem Marcelo, que sofre de epilepsia, mas está alcançando melhoras consideráveis através da mudança interior, fruto do ambiente familiar dado à prece e ao estudo do Evangelho no Lar.

Calderaro localiza a causa da enfermidade em existências anteriores, quando o enfermo *"exerceu outrora, enorme poder de que não soube usar em sentido construtivo." "Portador de vários títulos honoríficos, muita vez os esqueceu, precipitando-se na vala comum dos caprichos criminosos. Impôs-se pelo absolutismo, e intensificou a lavra de espinhos que o dilacerariam mais tarde".*

Após sua desencarnação, os inimigos em massa o retiveram por longo tempo nas regiões inferiores, seviciando-lhe a organização perispiritual. Marcelo sofreu por longos anos padecimentos inenarráveis, na linguagem do Espírito Calderaro.

"Os desequilíbrios perispiríticos flagelaram-no, assim, logo que atravessou o pórtico do túmulo, obstinando-se anos a fio..."

Após breve intervalo nas explicações, André Luiz acrescentou curioso:

"- Isso quer, então, dizer que o fenômeno epileptóide..."

"- mui raramente ocorre por meras alterações no encéfalo, como sejam as que procedem de golpes na cabeça," - explicou Calderaro, interrompendo a observação - *"e, geralmente, é enfermidade da alma, independente do corpo físico, que apenas registra, nesse caso, as ações reflexas. "*

Retomando o assunto do jovem Marcelo, Calderaro explicou: *"Longos anos de desequilíbrio, em que as vítimas, tornadas em algozes, o abalaram com tremendas convulsões, através de choques e padecimentos inenarráveis, clarearam-lhe os horizontes internos, tendo nosso irmão afinal logrado entender-se com prestimoso e sábio orientador espiritual, a quem se liga desde remoto passado. Foi socorrido e amparado..."*

Marcelo renasceu em família que o acolheu com carinho, tendo recebido orientação espiritual desde tenra idade. Passou a infância tranquilo, embora durante o desprendimento pelo sono físico, ao topar com algum adversário, sofresse amargamente as recordações do passado. O menino crescia sob a vigilância dos pais e o amparo dos benfeitores invisíveis.

Todavia, ultrapassado os quatorze anos de idade, *"Marcelo, com a organização perispiritual plenamente identificada com o invólucro fisiológico, passou a rememorar os fenômenos vividos, e surgiram-lhe as chamadas convulsões epilépticas com certa intensidade. O rapaz, todavia, encontrou imediatamente os antídotos necessários, refugiando-se na "residência dos princípios nobres", isto é, na região mais alta da personalidade, pelo hábito da oração, pelo entendimento fraterno, pela prática do bem e pela espiritualidade superior. Limitou, destarte, a desarmonia neuropsíquica e reduziu a disfunção celular, reconquistando o próprio equilíbrio, dia a dia, mobilizando as armas da vontade."*

"Recebendo a luta com serenidade e paciência, instalou em si mesmo valiosas qualidades receptivas, favorecendo-nos o concurso e dispensando, por isso mesmo, a terapêutica dos hipnóticos ou dos choques, a qual, provocando estados anormais no organismo perispirítico, quase sempre nada consegue senão deslocar os males, sem os combater nas origens. O caso de Marcelo oferece por isto características valiosas."

No entanto, apesar das melhoras conquistadas, a simples aproximação de um dos Espíritos perseguidores alterou-lhe a condição mental, provocando a crise epiléptica.

Sob a orientação do Espírito Calderaro, André Luiz, observando o cérebro do paciente durante uma crise, nos relata:

"Notei que a luz habitual dos centros endócrinos empalidecera, persistindo somente a epífise a emitir raios anormais. No encéfalo o desequilíbrio era completo. Das zonais mais altas do cérebro partiam raios de luz mental, que, por assim dizer, bombardeavam a colmeia de células do córtex. Os vários centros motores, inclusive os da memória e da fala, jaziam desorganizados, inânimes. Esses raios anormais penetravam as camadas mais profundas do cerebelo, perturbando as vias do equilíbrio e destrambelhando a tensão muscular; determinavam estranhas transformações nos neurônios e imergiam no sistema nervoso cinzento, anulando as atividades

das fibras. Via-se totalmente inibido o delicado aparelho encefáli-co. As zonas motoras, açoitadas pelas faíscas mentais, perdiam a ordem, a disciplina e o autodomínio, por fim cedendo, baldas de energia."

Importantíssima a observação de Calderaro a André Luiz, na mesma obra citada:

"Impossível é pretender a cura dos loucos à força de processos exclusivamente objetivos. É indispensável penetrar a alma, devassar o cerne da personalidade, melhorar os efeitos socorrendo as causas; por conseguinte, não restauraremos corpos doentes sem os recursos do Médico Divino, das almas, que é Jesus Cristo. Os fisiologistas farão sempre muito, tentando retificar a disfunção das células; no entanto, é mister intervir nas origens das perturbações."

"Temos milhões de pessoas irascíveis que, pelo hábito de se encolerizarem facilmente, viciam os centros nervosos fundamentais pelos excessos da mente sem disciplina, convertendo-se em portadores do "pequeno mal", em dementes precoces, em neurastênicos de tipos diversos ou em doentes de franjas epilépticas, que andam por aí, submetidos à hipoglicemia insulínica ou ao metrazol; enquanto isso, o serem educados mentalmente, para a correção das próprias atitudes internas no ramerrão da vida, lhes seria tratamento mais eficiente e adequado, pois regenerativo e substancial." (*)

(*) A obra citada foi escrita a partir de 1947. Devido ao aparecimento de muitos métodos para tratar doenças mentais, o metrazol foi gradualmente descontinuado no final dos anos 40 e não mais utilizado.

Pedimos ao amigo leitor que compare os casos de Joel, citado anteriormente, com o caso de Marcelo, citado pelo Espírito André Luiz.

Ambos possuem uma trajetória evolutiva algo semelhante, sendo torturados por inimigos impiedosos em regiões inferiores do Mundo Espiritual. Ao reencarnarem, tiveram uma infância parecida, com transtornos do sono, seja pela lembrança durante o desprendimento do corpo físico, seja pela presença de desafetos do passado.

O transtorno de ambos se intensificou na adolescência, pela ação da epífise que liberou sensações e lembranças das vidas anteriores, conduzindo ambos para o caminho de transtornos mais graves.

No entanto, o grande diferencial foi que Marcelo *"encontrou imediatamente os antídotos necessários, refugiando-se na "residência dos princípios nobres", isto é, na região mais alta da personalidade, pelo hábito da oração, pelo entendimento fraterno, pela prática do bem e pela espiritualidade superior. Limitou, destarte, a desarmonia neuropsíquica e reduziu a disfunção celular, reconquistando o próprio equilíbrio, dia a dia, mobilizando as armas da vontade."*

Joel, contudo, pelo distanciamento da fé, inabilidade para a prece, não conseguiu buscar a essência Divina que vibra dentro de si mesmo, e que poderia alterar seu estado vibratório. Mergulhou no sentimento de culpa, decaindo para a posição catatônica, fugindo à realidade, permanecendo num mutismo seletivo e apatia severa.

DEPRESSÃO

Antes de tudo, é importante diferenciar o estado depressivo passageiro e natural em nossas experiências de vida e o Transtorno Depressivo.

O estado depressivo corresponde àquela tristeza e desânimo que às vezes nos acomete pelas circunstâncias da vida, mas é de curta duração.

A depressão ou Transtorno Depressivo caracteriza-se por tristeza, cansaço, apatia, choro sem motivo, distúrbios do sono, falta de vontade, dificuldade de concentração, pensamentos pessimistas, culpa, insegurança e baixa autoestima, que são os seus principais sintomas.

Pode se manifestar de forma leve, moderada ou grave.

A depressão, em alguns casos, pode provocar ansiedade e mesmo outras comorbidades como o pânico. Imagine o indivíduo que se sente como um barco afundando, sem dúvida sentirá tremenda angústia, medo e ansiedade, difícil de suportar, o que poderá afetar suas atividades do dia a dia.

Do ponto de vista neuroquímico da depressão, afirma-se a

participação de neurotransmissores, principalmente a noradrenalina, dopamina e serotonina.

Uma das hipóteses propõe que a depressão esteja associada a uma deficiência de neurotransmissores, especialmente da noradrenalina.

Outros estudos sugerem que a neurotransmissão dopaminérgica está diminuída na depressão, principalmente em alguns sintomas depressivos como o isolamento social, o desinteresse e o retardo psicomotor.

Determinados pesquisadores concluíram também que um déficit funcional na transmissão serotoninérgica estaria ligado ao desenvolvimento de transtornos de humor.

Outras pesquisas, contudo, afirmam que além dos sistemas monoaminérgicos (noradrenalina, dopamina, serotonina), outros sistemas estão intimamente ligados.

Exemplo típico seria o eixo hipotálamo-hipófise, ligado ao sistema endócrino e ao sistema nervoso central, que, por sua vez, tem íntima ligação com o sistema límbico, responsável pela manifestação das emoções e que tem ação direta sobre o hipotálamo.

Medicamentos existem que auxiliam a minimizar os sintomas da depressão, como os inibidores da recaptação da serotonina e/ou da noradrenalina, na alopatia.

Da mesma forma, na fitoterapia e, em especial, na homeopatia, existe uma gama de medicamentos que podem ser utilizados em diferentes momentos conforme os sintomas.

A individualização do medicamento homeopático poderá

realizar uma compilação de sintomas e sinais englobando aspectos físicos, mentais e emocionais, buscando uma harmonia do paciente em todos os sentidos.

Sabemos, contudo, que quem pensa, sente e age é o Espírito. Sabemos também, que todos nós estamos em um processo evolutivo, em que somos solicitados, a todo instante, a enfrentar novos desafios.

Toda a evolução é baseada em mudanças, num constante *vir a ser*, e toda experiência vivida é individual. Cada indivíduo vê o mundo dentro de sua ótica pessoal e dentro dos limites de sua capacidade de compreensão e criatividade.

Os problemas que enfrentamos são desafios que impulsionam nossa criação mental, provocando mudanças interiores devido à plasticidade neural.

Assim, os desafios evolutivos exigem mudanças adaptativas, nem sempre simples, requerendo, muitas vezes, grande capacidade criativa para se adaptar às novas situações. A perda de um ente querido, a separação conjugal, mudança repentina de trabalho, alterações do **modus vivendi**, doenças graves, abstinência, e outras ações de grande ou média intensidade, podem ser o gatilho que provoca a queda vibratória.

A sensação de incapacidade para reagir tende ao desânimo e faz decair o padrão vibratório da mente, que passa a sintonizar em nível inferior. Surgem os pensamentos pessimistas, sensação de desesperança no futuro, baixa autoestima, levando o indivíduo a ver as coisas sempre pelo lado negativo e, não raras vezes, à sintonia com Espíritos desencarnados em situação vibratória semelhante.

Do ponto de vista neurológico, podemos contar com a enorme plasticidade das vias neuronais, mas nem sempre temos a capacidade criativa para enfrentar as mudanças necessárias ao nosso processo evolutivo.

Temos, assim, uma das principais causas da depressão, na inadequação mental ou inadaptabilidade a novas situações. Muitas vezes, surge o sentimento de culpa devido a atitudes equivocadas cometidas durante o processo evolutivo ou atitudes negativas de que o indivíduo sente dificuldades em liberar-se definitivamente.

Dentro do processo evolutivo a que todos estamos inseridos, as mudanças são necessárias, sejam devidas a reajustes de atitudes passadas, corrigendas de erros cometidos ou simplesmente adequação de nossas atitudes mentais às novas realidades evolutivas. A não aceitação e a revolta às novas situações vividas são processos agravantes.

A atitude mental em desarmonia pode causar tremenda influência em todo o organismo, até mesmo na ação do DNA e na produção de proteínas e polipeptídeos.

O sistema límbico, sede das emoções, atua direta ou indiretamente em áreas de ativação do córtex cerebral como a formação reticular do tronco encefálico, interferindo na síntese dos neurotransmissores como a serotonina, noradrenalina e dopamina, como já vimos no item.

É preciso, pois, trabalhar a própria mente, mergulhar nas causas interiores, auxiliando o paciente a se adaptar às novas situações de vida, liberando a energia criadora. Evitar a hora vazia, exercitando a criatividade, mas evitando o excesso de trabalho. Da mesma forma, evitar a solidão ou isolamento e deixar espaço na vida para o lazer.

Recorrer à prece, agradecendo a Deus pela bênção da vida, esquecendo o passado e lembrando das imensas possibilidades do futuro.

A fluidoterapia, ou passe, tem efeito salutar, principalmente quando aliada à orientação, à leitura e ao estudo de caráter espiritualista.

O trabalho no bem, ou seja, a própria criatividade acionará naturalmente a plasticidade neural, criando novas conexões entre os neurônios e liberando a produção de neurotransmissores.

A cada desafio enfrentado, novas conexões surgem criando novas estruturas mentais, base do constante processo de construção da própria mente.

Lembramos aqui a afirmação do Espírito Calderaro na obra *No Mundo Maior*, capítulo 8: "*... serem educados mentalmente, para a correção das próprias atitudes internas no ramerrão da vida, lhes seria tratamento mais eficiente e adequado, pois regenerativo e substancial.*"

Ao ser **educado mentalmente, para a correção das próprias atitudes internas**, o indivíduo melhora seu estado vibratório, afastando-se de outras mentes em desequilíbrio com as quais mantinha afinidade.

A educação do Espírito, em seu mais profundo significado, nos aspectos intelectual, afetivo e volitivo, tem como objetivo auxiliar a própria evolução do Espírito, harmonizando o pensar, o sentir e o agir.

Através das atividades da educação do Espírito, o indivíduo é levado ao *conhecimento de si mesmo*, como Espírito imortal, filho do Criador, com imensa capacidade criativa, dotado do germe de suas potencialidades interiores e, portanto, com capacidade de aprender e evoluir.

Nesse sentido, a confiança em si mesmo e em Deus fortalecem a fé e a esperança, auxiliando a ação da energia criadora nos caminhos superiores da mente, que passa a vibrar em sintonia mais elevada, desvinculando-se de possíveis interferências de outras mentes desencarnadas com as quais mantinha afinidade.

A DEPRESSÃO NA INFÂNCIA E NA ADOLESCÊNCIA

Infelizmente, a depressão na infância é uma realidade observada por pais, professores, psicólogos e psicanalistas.

Os sintomas podem variar, o que dificulta o diagnóstico, mas quase sempre estão presentes o choro fácil, a diminuição do sono, problemas na alimentação, agitação, irritação e até mesmo agressividade.

Anna Freud (1895-1982), professora e psicanalista, foi uma das pioneiras a identificar e diagnosticar distúrbios mentais em crianças ainda em tenra idade. Também afirmava a necessidade de se trabalhar junto aos pais, afirmando que a terapia teria uma influência educacional positiva na criança.

Melanie Klein (1882-1960) também foi uma das criadoras da psicanálise de crianças. Chegou a identificar manifestações de agressividade, inveja, ciúmes e medo em crianças pequenas.

Nos primeiros meses de vida, a criança vive a ansiedade pela sobrevivência do eu. O seio que oferece o leite é o "seio bom", o seio que não oferece é o "seio mau". Ela ama o que gratifica e odeia o que frustra. Essa fase de ansiedade pela sobrevivência nos primeiros meses pode gerar medo, ansiedade e agressividade. A frustração pode dar lugar, nos próximos meses, à posição depressiva.

A ansiedade excessiva, a agressividade como defesa e uma baixa resistência aos conflitos podem gerar distúrbios emocionais que, nos casos mais graves, podem causar dissociação da personalidade, fragmentar as experiências afetivas e até interferir na percepção e conduzir à negação da realidade, o que caracteriza um estado psicótico.

Daí a enorme importância da mãe nos primeiros meses de vida do bebê. O bebê fica grato quando é física ou emocionalmente saciado. Esta gratidão, a manifestação mais precoce do instinto de vida é a base do amor e da generosidade.

Donald Woods Winnicott (1896-1971), pediatra e psicanalista inglês, atribuía grande importância à presença ativa da mãe no desenvolvimento do bebê, como formadora de um ambiente que deveria ser seguro, protetor e confiável.

Winnicott afirma que cada ser humano possui um potencial inato para amadurecer e integrar-se no meio social. No entanto, essa tendência não é garantia de que isso vá ocorrer. Dependerá de um ambiente que favoreça esse amadurecimento. Esse ambiente, no início, é representando pela mãe. Geralmente, a mãe passa a preocupar-se com o bebê com prioridade, a ponto de excluir outros interesses, embora de maneira temporária.

Embora possuindo uma tendência ao desenvolvimento, a criança nasce indefesa. Um ser desintegrado, que percebe de maneira desordenada os diferentes estímulos do meio.

O bebê, ao nascer, é como um conjunto desorganizado de instintos, percepções e capacidades motoras que, conforme ocorre o desenvolvimento, vão se integrando, até alcançar uma imagem unificada de si e do mundo exterior.

A mãe "suficientemente boa" seria aquela que cria uma adaptação às necessidades do bebê. Essa adaptação diminui gradativamente segundo a capacidade do próprio bebê em aperfeiçoar a sua adaptação e tolerar as frustrações. Ou seja, no início, a mãe deverá criar o ambiente favorável ao amadurecimento do bebê e ao desenvolvimento de suas potencialidades.

Nessa primeira fase de dependência absoluta, segundo Winnicott, a criança ainda não formou o seu "eu" pessoal. Ela e a mãe formam um todo. Nessa fase, a mãe deve dedicar ao seu filho toda a atenção de que ele precisa, atendendo às suas necessidades de alimentação, higiene, carinho e afeto. Isso cria uma manifestação do sentimento de unidade entre duas pessoas. É dessa relação que surgirão as bases da construção do ser e o desenvolvimento afetivo da criança.

No entanto, após algumas semanas, o bebê se torna apto a suportar algumas falhas maternas.

A mãe "suficientemente boa" deve compreender essa fase do bebê como os primeiros indícios rumo à dependência relativa e, gradualmente, ir abrindo espaço e oferecendo maior liberdade ao bebê.

Winnicott cita três etapas de desenvolvimento: o estado de dependência absoluta (de 0 aos 3 meses), o estado de dependência relativa (dos 3 aos 6 meses) e o estado de inquietude de posição depressiva (dos 6 aos 12 meses).

Um dos traços marcantes em Winnicott é a importância atribuída à criatividade. A vida é um imenso potencial criativo em que os criadores somos nós mesmos. Criamos ou recriamos o mundo que já existe e criamos a nós mesmos. Nossa psique é resultado de nossa constante criatividade.

O próprio bebê, ante os desafios de sua existência, usará de criatividade em seu relacionamento com a mãe, consigo mesmo e com o meio ambiente.

A Doutrina Espírita não somente valoriza, mas apoia os conceitos dos estudiosos da psicologia do desenvolvimento infantil.

Mas amplia de maneira extraordinária os conceitos citados, ao demonstrar que a criança é um **Espírito imortal** que reinicia sua aprendizagem no mundo, trazendo consigo ao renascer uma bagagem de experiências multimilenárias e, ao mesmo tempo, é um *ser perfectível e traz em si o gérmen do seu aperfeiçoamento*, como vimos.

O traço marcante em Anna Freud, Mellanie e Winnicott é a importância atribuída à presença da mãe desde os primeiros instantes de vida física.

Percebemos claramente que todo Espírito renasce para evoluir e quaisquer que sejam os reajustes, desafios e experiências que o aguardam na jornada evolutiva, os primeiros dias e meses de vida têm uma importância primordial no seu desenvolvimento futuro.

O amor e o aconchego da mãe ou de quem cuida do bebê gera confiança, alegria, serenidade. Estar atenta às necessidades, olhar, falar, tocar, aconchegar, dar colo, amamentar, abraçar, proteger, amar, é desta relação saudável entre mãe/cuidadora e o bebê que se estabelece o desenvolvimento emocional-afetivo da criança.

A criança se sente amada, aprende a se relacionar, a se valorizar, desenvolvendo seus próprios mecanismos de defesa e de adaptação.

A tarefa dos pais, educadores e terapeutas será sempre auxiliar sua evolução, buscando os canais superiores de manifestação, disponíveis para o desenvolvimento, estimulando-os e incentivando seu progresso no bem.

EDUCAÇÃO DE BEBÊS E MAMÃES

Em nossa instituição criamos uma sala de evangelização ou educação de bebês, mães e pais, cujo principal objetivo é estreitar os vínculos entre mães e bebês, bem como estreitar os laços de toda a família para criar um ambiente de vibrações elevadas.

As atividades são diversificadas, priorizando o aspecto afetivo: músicas, atividades lúdicas, massagens, histórias, além de orientação às mamães, etc.

Coordenado pela psicóloga Fernanda Romanelli, mas contando com dedicada equipe, o trabalho tem demonstrado ótimos resultados.

Foi-nos narrado por amigo espiritual que uma equipe espiritual acompanha as atividades juntamente com os Espíritos responsáveis pela reencarnação daqueles bebês. O trabalho continua nos respectivos lares, que também são beneficiados pela ação dos benfeitores espirituais.

À medida que se cresce, as atividades da Educação do Espírito (nos aspectos cognitivo, afetivo e volitivo) continuam em outras salas, auxiliando o seu desenvolvimento com certa harmonia.

Lembrando Winnicott, a criança necessitará usar de criatividade ante os desafios de sua existência.

As atividades artísticas como a música, o teatro, a dança, a literatura e as artes plásticas em suas múltiplas modalidades, atuam de forma a desfazer bloqueios mentais à criatividade, liberando a energia criadora do Espírito.

Além de ser atividade criadora por excelência, a arte deve conduzir essa criatividade para os canais superiores da vida, aprimorando os sentimentos.

A arte é forte elemento de interação com as energias espirituais superiores que pululam no Universo de Deus. À medida que interage, desenvolve seu potencial anímico, que se manifesta no sentir e no querer, ampliando sua faixa vibratória em níveis superiores.

Assim, as atividades da evangelização ou educação do Espírito que se iniciam na infância, têm ação preventiva, no sentido de promover o desenvolvimento das qualidades interiores que todos trazemos em estado latente, provendo o Espírito reencarnado das ferramentas mentais que facilitação sua adaptação aos novos desafios que enfrentará em toda a sua vida.

TRANSTORNO BIPOLAR DO HUMOR

O Transtorno Bipolar de Humor, conhecido anteriormente como transtorno maníaco-depressivo, caracteriza-se por alterações de humor com períodos de humor eufórico ou irritável, com falta de controle e bom senso e períodos de depressão.

O período de elevação do humor recebe o nome de mania ou hipomania, dependendo da severidade, podendo ocorrer episódios de psicose nos casos mais graves. Caracteriza-se por grande agitação ou irritação, hiperatividade, pensamentos acelerados que chegam a se atropelar, fala em excesso, compulsão alimentar ou beber demais, autoestima muito elevada com ilusão sobre suas habilidades. Pode durar dias, semanas ou até meses.

O período de depressão, também variável, pode chegar a um mês ou mais. Caracteriza-se por sentimento de tristeza, desesperança, pensamentos pessimistas, culpa, distúrbios do sono, dificuldade de concentração, baixa autoestima, tendendo ao isolamento.

Uma das hipóteses aventadas propõe que a depressão esteja associada a uma deficiência de neurotransmissores, especialmente da noradrenalina, enquanto que a mania estaria associada a um excesso relativo dessas substâncias.

Estudos demonstram que a maioria dos neurotransmissores possui receptores que são modulados por proteínas G. (Proteínas G funcionam como "chaves moleculares", alternando entre um estado de ligação com uma guanosina difosfato inativa e outro com uma guanosina trifosfato ativa.) À proteína G ligam os receptores a enzimas específicas que produzem segundos mensageiros ou alteram a permeabilidade de canais iônicos, podendo gerar anormalidades funcionais em neurotransmissores, podendo influenciar as flutuações no humor.

Estudos anatômicos foram efetuados, através da neuroimagem, mas não foram conclusivos. Estudos neuropatológicos post-mortem também pouco revelaram.

Estudos do metabolismo da glicose (com PET) têm demonstrado uma redução no metabolismo do córtex pré-frontal na depressão bipolar, enquanto outros estudos demonstraram um aumento do metabolismo no tálamo e gânglios da base na depressão e um aumento do metabolismo na amígdala em estados maníacos. Outros estudos demonstraram que, além da diminuição do metabolismo na fase depressiva, também ocorre a normalização ou aumento na fase maníaca.

No entanto, tais pesquisas não indicam a causa, mas os efeitos no metabolismo do organismo.

A hipótese mais aceita ainda tem sido a deficiência de neurotransmissores como a noradrenalina e a serotonina. Os pesquisadores também observam que podem ocorrer distúrbios em possíveis alterações na sensibilidade de receptores.

Também chamou a atenção dos pesquisadores uma diminuição do ácido GABA em pacientes bipolares. O GABA é o principal neurotransmissor inibitório do sistema nervoso central, atuando como modulador das atividades de vários neurotransmissores, incluindo a serotonina, dopamina e noradrenalina.

A maior descoberta, provavelmente, foi a de que o lítio exerce um efeito bimodal no estado de ativação da célula neural.

Tanto age na ativação quanto na inibição da atividade da célula neural, agindo como um estabilizador de humor.

Estudos recentes revelam que o lítio induz alterações na expressão de diversos genes, influenciando neuromoduladores, enzimas, receptores e outras moléculas de transdução de sinais.

Outro medicamento utilizado como estabilizador de humor é o valproato sódico, com ação algo semelhante ao lítio.

No entanto, o valproato é um anticonvulsivante, muito usado no tratamento da epilepsia.

Finalmente, concluíram que *"os episódios de humor são considerados semelhantes a um quadro convulsivo, manifestando-se pela maior responsividade elétrica a um mesmo estímulo repetido através do tempo, com progressão da doença e posterior recorrência espontânea."* (*Bases Biológicas dos Transtornos Psiquiátricos*, Kapczinski, Quevedo e Izquierdo, Artmed)

A conclusão acima descrita nos faz lembrar do caso do jovem Marcelo, já visto anteriormente, que após anos de sofrimento no Mundo Espiritual, sob a ação de inimigos do passado, desenvolveu um quadro de epilepsia cuja crise se desencadeava pela simples aproximação de um desses Espíritos ditos inimigos.

O Transtorno Bipolar, pois, também sugere um componente espiritual desencadeante das crises que se alternam, ora com euforia, para decair em seguida na depressão.

Obviamente, cada caso deve ser analisado individualmente, pois não existem dois casos exatamente iguais.

Numa análise genérica, podemos perceber uma luta interna do Espírito e a incapacidade de trabalhar com seus conflitos interiores e possíveis sentimentos de culpa, mesmo inconscientes.

No aspecto neurológico, a observação da diminuição do metabolismo na fase depressiva e aumento na fase maníaca, demonstra a luta e o esforço interior do Espírito em manter o equilíbrio emocional, sem sucesso. O esforço repetitivo na fase maníaca intensifica o metabolismo de certas áreas a ponto de se perder o controle, especialmente na amígdala, que é altamente implicada na manifestação de reações emocionais e comportamentos sociais. Faz parte do sistema límbico, importante centro regulador dos sentimentos como paixão e amor, do comportamento sexual e da agressividade. O metabolismo intenso nessas áreas leva o Espírito a perder o controle e o discernimento.

A redução da atividade na área pré-frontal demonstra a queda vibratória da mente e provável sintonia com vibrações menos elevadas. A área pré-frontal, como já vimos, corresponde à parte mais nobre do cérebro, funcionando como o maestro orquestrando o sistema nervoso, onde ocorre o discernimento, o senso de responsabilidade, além de promover a sintonia com as vibrações mais elevadas da mente. Na incapacidade de se elevar para as regiões superiores, a mente mergulha nas vibrações inferiores de pessimismo, tristeza, culpa, baixa autoestima, insegurança e cansaço.

Tal estado mental pode ser induzido por desafetos desencarnados, que se aproveitam do estado de desequilíbrio ou mesmo, o provocam, para manter a vítima nas regiões vibratórias inferiores.

Em crianças e adolescentes, o diagnóstico pode ser difícil, pois as fases não são muito bem definidas.

O transtorno bipolar com início na infância e adolescência, normalmente está associado a outras comorbidades. Pode surgir paralelamente a um transtorno do déficit de atenção e hiperatividade (TDAH), transtornos de conduta, transtornos ansiosos ou mesmo com transtornos alimentares.

Joanna de Ângelis nos lembra que "*o adolescente atual é Espírito envelhecido, acostumado a realizações, nem sempre meritórias, o que lhe produz anseios e desgostos aparentemente inexplicáveis, insegurança e medo sem justificativa, que são remanescentes de sua consciência de culpa, em razão dos atos praticados, que ora veio reparar, superando os limites e avançando com outro direcionamento pelo caminho da iluminação interior, que é o essencial objetivo da vida. O projeto de uma vida familiar, de prestígio na sociedade, de realizações no campo de atividades artísticas ou profissionais, religiosas ou filosóficas, é credor de carinho e de esforço, porque deve ser fixado nos painéis da mente como desafio a vencer e não como divertimento a fruir. Todo o esforço, em contínuo exercício de fazer e refazer tarefas; a decisão de não abandonar o propósito em tela, quando as circunstâncias não forem favoráveis; o controle dos impulsos que passarão a ser orientados pela razão, ao invés de encontrarem campo na agressividade, na violência, no abuso juvenil,constituem os melhores instrumentos para que se concretize a aspiração e se torne realidade o programa da existência terrena."* (*Adolescência e Vida*, psicografia de Divaldo Pereira Franco)

No entanto, é bom não perder de vista que cada caso deve ser analisado individualmente.

Dependendo do caso e da intensidade dos sintomas, o paciente pode necessitar de medicamentos do tipo estabilizadores de humor, ansiolíticos, antidepressivos e outros, acompanhado por um especialista.

Nesse sentido, o medicamento homeopático individualizado poderá ser de grande utilidade por tratar o paciente como um todo, no aspecto físico e mental, priorizando o estado emocional do indivíduo.

Mas não podemos nos esquecer da importância da mudança interior com a consequente mudança vibratória, para atingir o equilíbrio emocional esperado.

A fluidoterapia ou passe, será sempre de grande ajuda para suavizar os efeitos e até mesmo promover o equilíbrio mental, principalmente quando aliado à orientação espiritual.

Da mesma forma, será de muita utilidade a psicoterapia quando, sem dúvida, também se insere a educação do Espírito que, como já vimos, trabalha os aspectos intelectual, afetivo e volitivo, harmonizando o pensar, o sentir e o agir. Trabalhando o *conhecimento de si mesmo*, fortalece a confiança em si mesmo e em Deus, a fé e a esperança. Gradualmente, o paciente poderá elevar seu padrão vibratório, buscando sintonizar com vibrações mais elevadas.

As atividades artísticas auxiliarão a desenvolver seu potencial criativo e a disciplinar seus impulsos descontrolados.

Considerando, como já tanto vimos, a ação da mente no cosmo orgânico, o equilíbrio emocional irá proporcionar também o equilíbrio fisiológico.

TRANSTORNO OBSESSIVO COMPULSIVO - TOC

O Transtorno Obsessivo Compulsivo ou TOC se caracteriza por pensamentos obsessivos, cenas, palavras ou impulsos indesejáveis que invadem a mente do paciente causando desconforto, medo, insegurança e, consequentemente, ansiedade.

Os sintomas se iniciam durante a adolescência ou no início da idade adulta. Os pensamentos obsessivos podem surgir em forma de agressão, perseguição, de natureza sexual, ou relacionado à sujeira e contaminação. O pensamento agressivo pode ser voltado à própria pessoa ou a familiares ou amigos.

O indivíduo tenta neutralizar tais obsessões através de rituais, ações repetitivas e compulsivas ou atos estereotipados e estranhos. O paciente pode tentar reassumir o controle rezando, contando, ou repetindo atos que, segundo imagina, se não for feito, algo de muito ruim pode acontecer ou ele pode perder o controle de si mesmo.

Todavia, trata-se de um transtorno bastante heterogêneo, apresentando-se de forma bastante diversificada e em diferentes graus de gravidade.

Nas formas mais graves podem surgir, com o tempo, outros transtornos como depressão, transtorno alimentar, fobia, transtorno do pânico, tique ou síndrome de Tourette.

Evidencias biológicas somente foram observadas quando o TOC está associado a outras doenças neurológicas como infecções cerebrais, traumatismos cranianos e acidentes vasculares cerebrais. Também observou-se disfunções nos gânglios da base quando o TOC está associado com o transtorno do tique, transtorno de Tourette e na Coreia.

Alguns terapeutas utilizam medicamentos antidepressivos que suavizam os sintomas do TOC, quer apresentem ou não depressão concomitante, justificando que aumentam a capacidade do cérebro de utilizar a serotonina.

O fato de os sintomas surgirem na adolescência, sugere a atuação da epífise neural que, como vimos, reabre os canais que ligam as vidas sucessivas, fazendo surgir fortes impulsos de paixões vividas anteriormente.

Neste caso, os pensamentos surgem de impulsos do inconsciente profundo, seja de natureza agressiva ou sexual, inaceitáveis ao consciente. Tais impulsos podem surgir espontaneamente, devido a algum estímulo externo ou mesmo por injunção de outras mentes desencarnadas.

Sempre considerando que cada caso deve ser analisado individualmente, torna-se claro, nesses casos, a interferência de outras mentes, desencarnadas ou não, desafetos ou apenas parceiros em antigos desequilíbrios de ordem afetiva e moral.

De qualquer forma, nota-se o conflito interno e a luta por afastar tais pensamentos obsessivos.

Embora a diversidade dos sintomas, percebe-se a luta evolutiva e a dificuldade em vencer a si mesmo e os desafios que a vida nos apresenta, desafios esses que, quando bem trabalhados interiormente, nos levam a patamares superiores na escalada evolutiva rumo à perfeição relativa que nos aguarda a todos.

A homeopatia, através do medicamento individualizado, pode oferecer excelentes resultados, podendo ser aliada à psicoterapia,

A fluidoterapia ou passe pode suavizar os sintomas ou, quando acompanhada de orientação e estudos que levem ao *conhecimento de si mesmo* e consequente mudança interior, podem eliminar completamente os sintomas.

Toda mudança interior corresponde à reestruturação das estruturas mentais e, portanto, leva tempo mais ou menos longo, dependendo do próprio paciente.

Sem dúvida, a evangelização ou educação do Espírito, quando iniciada em tenra idade, fornecerá ao Espírito, quando atingir a adolescência, elementos que lhe permitam trabalhar com os impulsos que surgirem nesta etapa reencarnatória, com maior facilidade ou com menos conflitos interiores.

Dentro do processo evolutivo, sempre seremos chamados a reajustar nossos impulsos interiores e, portanto, embora o TOC possa surgir na adolescência, sempre há tempo de mudança interior, e em qualquer idade podemos trabalhar em nossa própria reforma íntima e consequente elevação de nosso padrão mental.

SÍNDROME DE TOURETTE

A síndrome de Gilles de La Tourette corresponde a movimentos involuntários ou tiques motores como piscar os olhos, franzir a testa, balançar a cabeça, levantar os ombros e tiques vocais como barulhos simples, pigarros ou repetir sílabas ou palavras e, em alguns casos, gestos e palavras obscenas. Normalmente, a síndrome inicia-se durante a infância ou juventude de um indivíduo. Os sintomas tendem a amenizar durante a vida adulta, ou, em alguns casos, permanecem por toda a vida.

Descrita pela primeira vez em 1825 pelo médico francês Jean Itard, somente em 1885, Gilles de la Tourette publicou um relato de nove casos da doença, que denominou *"doença dos tiques convulsivos com coprolalia"*. Posteriormente foi renomeada "doença de Gilles de la Tourette", por Charcot, então diretor do hospital Salpêtrière, de Paris.

Coprolalia é um termo grego que significa "conversa sem sentido" ou palavras ou frases tidas como inaceitáveis ou fora do contexto. Também pode ser definida, atualmente, como tendência incontrolável a usar palavras obscenas.

A abordagem psicanalítica, utilizada no início, foi contestada após a descoberta do haloperidol, fármaco neuroléptico utilizado para controle de agitação, agressividade, estados maníacos e psicose.

No entanto, segundo a DMS-5, "a perturbação não se deve a efeitos diretos fisiológicos de uma substância (por exemplo: cocaína) ou de uma condição médica geral (por exemplo: Acidente Vascular Cerebral, doença de Huntington, encefalite pós-viral)."

Qualquer fármaco, pois, apenas pode suavizar os efeitos por algum tempo, sem, contudo, atingir as causas profundas.

Do ponto de vista espiritual, movimentos e palavras incontroláveis sugerem fortes impulsos que surgem do inconsciente profundo, cujas causas estão em passado recente ou remoto. Devido à força da punção, tais impulsos podem surgir de forma espontânea ou impulsionados por outras mentes desencarnadas que guardam afinidade com o paciente, quase sempre em regime obsessivo.

Segundo amigo Espiritual, casos existem em que dramas obscuros, ocorridos em encarnação anterior, ressurgem quando a pineal *"reabre os mundos de sensações e impressões na esfera emocional, levando a criatura a recapitular sua sexualidade, sendo que as paixões vividas em outras épocas reaparecem sob fortes impulsos."*

Tais impulsos ou punções, na linguagem Freudiana, podem causar graves conflitos na presente encarnação, podendo ainda ser intensificados por comparsas ou vítimas do passado, ora desencarnados, com quem o indivíduo guarda afinidade.

Cada Espírito, em suas peculiaridades, reage de forma particular. Em caso citado por amigo espiritual, ocorreram desequilíbrios na área pré-motora do lobo frontal, bem como das vias aferentes do cerebelo, ao passar pelo tálamo, que se comunica com o corpo mental, sede da mente, onde estão os registros das ações passadas, causas dos conflitos atuais.

Os distúrbios atingiram também a área de Broca no giro frontal inferior e a parte da área motora que controla os músculos relacionadas ao centro da fala.

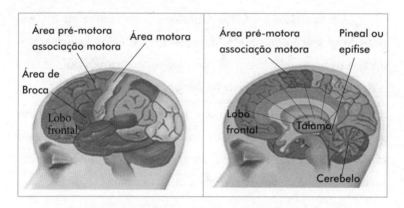

Os distúrbios estão no funcionamento das áreas e não em suas estruturas fisiológicas, que não apresentam nenhuma lesão.

Nosso objetivo, contudo, não está apenas em analisar as prováveis causas, mas em determinar ou propor tratamento adequado à saúde física e mental do indivíduo. Não há dúvidas de que, neste caso, as causas primeiras estão em dramas ocorridos em vidas passadas, cujos impulsos ressurgiram fortemente na puberdade. Medicamentos alopáticos ou homeopáticos podem suavizar os sintomas, mas somente uma mudança interior de profundidade, ou seja, em seu modo de pensar, sentir e agir, pode reconduzir o Espírito reencarnado ao equilíbrio.

A fluidoterapia ou passe, aliada ao estudo, à meditação e à

psicoterapia, pode levar ao conhecimento de si mesmo e auxiliar a necessária mudança interior, alterando o padrão vibratório do Espírito encarnado.

Não ocorrendo graves danos fisiológicos, as estruturas mentais são maleáveis devido à plasticidade neural e respondem à vontade do Espírito, ou seja, a mente é produto do Espírito, que pode se reorganizar.

Alterando-se o padrão vibratório, dificulta-se ou mesmo impede-se a ação de mentes desencarnadas, cujos Espíritos poderão também ser socorridos por equipes espirituais ou nas reuniões mediúnicas ditas de desobsessão.

Compreendemos hoje que tais reuniões têm um caráter terapêutico dos mais valiosos, e os homens compreenderão mais tarde, que toda terapia pode ser um trabalho conjunto entre clínicos e terapeutas encarnados e os desencarnados.

TRANSTORNO DO PÂNICO E AGORAFOBIA

Transtorno do pânico ou Síndrome do pânico é um transtorno de ansiedade caracterizado por intenso medo e sintomas físicos e mentais tais como: aumento da frequência cardíaca, aumento da frequência respiratória, medo de morte iminente, sensação de falta de ar, podendo ocorrer vertigem e sensação de desmaio, formigamento nas mãos e braços, tremores e até mesmo dor torácica.

O organismo humano possui, como herança ancestral do processo evolutivo, um sistema neural pré-organizado do Sistema Nervoso Central tanto para reações adaptativas, conhecido como *neuroplasticidade,* como um sistema que reage a ameaças com um comportamento agressivo de defesa, conhecido também como *sistema de luta ou fuga.*

Um animal que se depara com um predador tende a fugir ou, na impossibilidade, enfrentar e lutar pela sobrevivência.

O organismo humano reage de maneira semelhante. Detectada uma ameaça, real ou imaginária, o tálamo transmite à

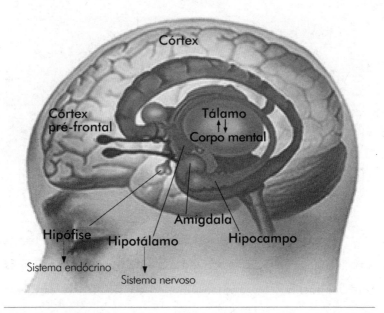

amígdala informações sensoriais e informações do inconsciente profundo (corpo mental) que rapidamente informa ao hipotálamo para iniciar a reação de fuga ou de defesa.

A amígdala (trabalhando em conjunto com o hipocampo) mantém complexas conexões (polissinápticas) com o sistema endócrino, com o sistema nervoso autônomo (visceral) e com o sistema nervoso somático (ações voluntárias).

Pode ocorrer uma descarga do sistema simpático: liberação de adrenalina, batimentos cardíacos acelerados, liberação de glicose, aumento da respiração, etc. O indivíduo tem a sensação de que está tendo um ataque cardíaco e/ou que vai morrer.

No reino animal, a reação tinha que ser rápida, pois disso dependia a sua sobrevivência. A reação é instintiva.

O homem, contudo, conta com a razão, e o caminho dos

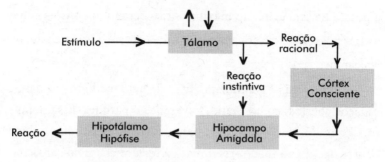

estímulos pode ir do tálamo para o córtex, onde o acontecimento poderá ser analisado e interpretado antes da reação. A reação será consciente e racional.

O grande desafio existencial é vencer os instintos, que surgem do inconsciente profundo. Pensar antes de agir, gerenciar as próprias emoções de medo, raiva, violência, tristeza. A ação mental construída hoje se tornará automática amanhã. (Vide *A Construção da Mente*, mesmo autor - IDE Editora)

O paciente poderá ser auxiliado pelo terapeuta e aprender a analisar cada situação de ameaça, conseguindo, por fim, o controle de si mesmo. Um medicamento fitoterápico do tipo calmante e relaxante, poderá auxiliar o paciente a controlar melhor seus impulsos, dando tempo à razão de analisar a situação.

O sistema de reações adaptativas ou neuroplasticidade, está intimamente ligado ao processo de aprendizagem, o que permite, sem dúvida alguma, que o paciente consiga alcançar pleno domínio de si mesmo.

Um fator complicante é o medo do medo, ou seja, o medo de ter outro ataque de pânico. Esse medo pode ser tão forte que a pessoa tentará evitar ao máximo situações em que suspeite que a crise possa ocorrer novamente, vindo a desencadear a chamada agorafobia.

Agorafobia é geralmente definida pelo medo irracional de espaços abertos, como grandes avenidas e parques. Essa definição, contudo, não está inteiramente correta. O estímulo fóbico ocorre devido ao medo irracional de ter um ataque de ansiedade nesses lugares, onde pode ser constrangedor ou difícil receber ajuda.

* * *

Embora os sintomas tendam a surgir no jovem e no adulto, tivemos dois casos interessantes com certa semelhança na etiologia da síndrome:

Uma menina de 8 anos, diagnosticada com *síndrome do pânico* e *agorafobia*, tinha crises de desespero e medo intenso, que podiam durar horas. Evitava sair de casa e já não frequentava a escola havia semanas, com medo de que nova crise viesse a ocorrer.

Com o tempo, revelou sentir a presença de "seres" estranhos a sua volta, o que lhe causava grande mal estar e pavor.

Foi recomendado, além das sessões de psicoterapia, o "Evangelho no Lar" e passes, sendo seu nome levado para uma reunião mediúnica. E realmente, um Espírito se comunicou, afirmando que, onde nós víamos uma criança, ele via a mulher que lhe fora o desafeto do passado.

As reuniões continuaram por algum tempo, e o orientador fê-lo ver a inutilidade de continuar com as ameaças, e oferecendo o auxílio de Espíritos superiores que o ajudariam a melhor compreender sua situação e continuar seu progresso espiritual, o que foi aceito pelo mesmo.

A menina continuou com os passes e com as sessões de terapia, e lhe foi administrado um floral de Bach, para diminuir a ansiedade e o medo. Retornou à escola levando consigo o frasco de floral que lhe dava segurança. Com o tempo, esqueceu os florais e voltou a ter uma vida equilibrada.

O outro caso foi de um homem de 35 anos, que chamaremos de Jonas, cujo última crise havia ocorrido na pista, quando dirigia sozinho e, de repente, sentiu enorme ansiedade, ritmo cardíaco acelerado, falta de ar e sudorese. Imaginando estar tendo um ataque cardíaco, entrou na cidade mais próxima, procurando o pronto-socorro, mas quando foi atendido estava com os sinais vitais normais. Apenas lhe foi dito que tivera um ataque de ansiedade, sem maiores consequências físicas.

Quando nos procurou, por insistência da própria esposa, depois de muita conversa, admitiu que era espírita e que já tinha participado de reuniões mediúnicas, tendo, contudo se afastado. Com o tempo, ele mesmo concluiu que os sintomas surgiam com a sensação de ameaça, provavelmente pela aproximação de Espíritos, não necessariamente agressivos, mas em estado de perturbação.

Ao lhe explicar a reação de fuga ou de defesa, frente a uma

ameaça, que desencadeava a descarga do sistema simpático, causando os sintomas que ele sentira, Jonas sentiu que, embora fosse uma reação instintiva no início, ele poderia ter controle. Foi-lhe administrado um fitoterápico de efeito calmante e relaxante que poderia ajudá-lo a enfrentar novas crises.

Jonas retornou aos estudos espiritas e às reuniões mediúnicas que já frequentava anteriormente e as crises de pânico não mais se manifestaram, embora às vezes ele pudesse sentir a aproximação de Espíritos em estado de perturbação, mas com controle da situação.

TRANSTORNOS DO ESPECTRO AUTISTA

Atualmente, o termo autista foi substituído pelo chamado Transtorno do Espectro do Autismo (TEA), incluindo-se a Síndrome de Asperger, que será estudada separadamente.

Dessa forma, os pacientes são diagnosticados em graus de comprometimento, do mais simples aos mais graves.

Caracteriza-se por comprometimento da interação social, comunicação verbal e não verbal e comportamento restrito e repetitivo, mas que, no entanto, varia de acordo com a gravidade.

É importante lembrar a grande variabilidade na apresentação dos transtornos. Cada caso deve ser analisado individualmente.

Os primeiros sinais do transtorno podem ser identificados antes dos 3 anos de idade.

É comum o movimento repetitivo como agitar as mãos, girar a cabeça ou balançar o corpo.

Resistente a mudanças, insistem que os móveis e objetos não sejam movidos.

O interesse parece voltado apenas a determinada atividаde, focando-se em determinado brinquedo ou jogo, recusando-se a ser interrompido nas atividades.

Pode ocorrer comportamento compulsivo para seguir regras como organizar objetos em pilhas ou alinhados.

Geralmente, mantém um ritual nas atividades diárias, no vestir-se e até mesmo em um menu imutável.

Em casos mais graves, pode ocorrer automutilação, com movimentos que podem ferir, como bater a cabeça, morder as mãos.

Uma diferença considerável que existe entre o Transtorno Autista e o Asperger é que, no primeiro, geralmente têm sido identificados atrasos de linguagem e atrasos expressivos nas habilidades cognitivas e de cuidados pessoais, diferentemente do que ocorre em pessoas com Transtorno de Asperger.

A Síndrome de Rett e o Transtorno Desintegrativo da Infância fazem parte do especto autista, mas podem ter diferentes causas ainda pouco conhecidas.

A Síndrome de Rett é um dos tipos mais graves de autismo, acometendo quase que exclusivamente crianças do sexo feminino. A síndrome compromete progressivamente as funções motoras e intelectuais, provocando distúrbios de comportamento e dependência. O crescimento do crânio, inicialmente normal, passa a ocorrer mais lentamente, podendo ocorrer microcefalia adquirida. (*) Gradualmente, deixa de manipular objetos, surgindo movimentos estereotipados das mãos, perdendo as habilidades manuais e estagnação do desenvolvimento neuropsicomotor.

O Transtorno Desintegrativo da Infância ou Síndrome de Heller, é um tipo de transtorno global do desenvolvimento em que ocorre uma perda de habilidades já adquiridas antes dos 10 anos, tais como linguagem expressiva, habilidades sociais, comportamento adaptativo, habilidades motoras. Além do comprometimento da interação social ou emocional, a criança pode apresentar padrões repetitivos e estereotipados de comportamento, incluindo estereotipias motoras e maneirismos.

Apesar de muitos estudos e pesquisas na área neurológica, incluindo estudos de neuroimagem, tomografia, ressonância magnética, dentre outros, para se descobrir a etiologia do autismo, ainda se tem uma compreensão muito pequena acerca de suas causas.

Percebemos contudo, que dentro da lei de causa e efeito a que todos estamos sujeitos, as experiências dolorosas de natureza expiatória visam restaurar o equilíbrio perdido devido a ações cometidas em vidas passadas, reconduzindo o Espírito transgressor à posição espiritual em que se encontrava antes da transgressão cometida.

Joanna de Ângelis, em seu livro **Plenitude**, psicografia de Divaldo Pereira Franco, afirma:

"... os sofrimentos humanos de natureza cármica podem

(*)Embora se confundam os termos, a **Microencefalia** caracteriza-se pelo tamanho de cérebro diminuto indiferente ao tamanho da caixa craniana que poderia ser normal ou até maior que o normal; já a **microcefalia** adquirida caracteriza-se por tamanho de cabeça inferior ao normal, que fatalmente será seguida de um cérebro equivalentemente menor. A microcefalia pode ser congênita, adquirida ou desenvolver-se nos primeiros anos de vida.

apresentar-se sob dois aspectos que se complementam: provação e expiação. Ambos objetivam educar e reeducar, predispondo as criaturas ao inevitável crescimento íntimo, na busca da plenitude que as aguarda."

O CASO DE EULER

Considerando sempre que cada caso tem as suas características individuais e que não existem dois casos exatamente iguais, foi-nos concedido conhecer o caso de um garoto autista.

Vamos chamá-lo de Euler, nome fictício, naturalmente.

A história que nos foi narrada se inicia no resgate desse Espírito, prisioneiro por muitos anos em região umbralina, onde era torturado, seviciado de muitas formas, sem condições de defesa, por diversos Espíritos que se diziam justiceiros, embora a atuação fosse de terrível vingança.

Não nos foi revelada a causa de tal vingança cruel, embora saibamos que tudo está dentro das leis de causa e efeito, e que, portanto, os atritos entre tais Espíritos vinham de vidas anteriores.

O pobre Espírito que chamamos Euler, sem ter como se defender, refugiou-se dentro de si mesmo, procurando ignorar as crueldades ditas e cometidas, como se não fossem com ele. Com tal providência, suavizava em parte o próprio sofrimento. Isolou-se mentalmente da realidade a sua volta, refugiando-se em suas fantasias, procurado manter a mente ocupada em algo que lhe suavizasse o sofrimento.

Quando foi resgatado por equipe de Espíritos socorristas estava quase que totalmente "fechado" em si mesmo, psiquicamente falando, sem apresentar distúrbios neurológicos no corpo espiritual. A mente, contudo, registrada no corpo mental, criou estruturas de defesa psíquica às agressões sofridas, isolando-se em si mesma, caracterizando a síndrome autista.

É importante compreender que o corpo espiritual é formado também por órgãos tão verdadeiros como os do corpo carnal, só que estruturados em matéria menos densa ou mais sutil.

André Luiz, no livro **Evolução em Dois Mundos** esclarece: "*Para definirmos, de alguma sorte, o corpo espiritual, é preciso considerar, antes de tudo, que ele não é reflexo do corpo físico, porque na realidade, é o corpo físico que o reflete, tanto quanto ele próprio, o corpo espiritual, retrata em si o corpo mental que lhe preside a formação*" - (Capítulo 2, Corpo Espiritual, item Retrato do Corpo Mental).

No capítulo 4 da mesma obra, nos fala da **gênese dos órgãos psicossomáticos** (do perispírito): "***Todos os órgãos do corpo espiritual*** *e, consequentemente, do corpo físico foram, portanto, construídos com lentidão, atendendo à necessidade do campo mental em seu condicionamento e exteriorização no meio terrestre*" - (Capítulo 4, Automatismo e Corpo Espiritual, item Gênese dos Órgãos Psicossomáticos - grifo nosso).

Assim sendo, neste caso, e é importante frisar que cada caso é um caso em especial, não havia comprometimento na organização psicossomática (perispiritual), que se refletirá no organismo físico, no processo de reencarnação.

No entanto, a mente afetara o processo de informações no cérebro, influenciando a forma de seu funcionamento, ou seja, como as células neurológicas e suas sinapses se conectam e se organizam.

Em fraca analogia, a mente, em sua complexa estrutura psíquica, utiliza-se do cérebro para se manifestar, à semelhança do software que se utiliza do hardware, a máquina física. Mesmo que a máquina física esteja em perfeitas condições, o software pode apresentar problemas.

Não ocorre, no caso citado, um problema neurológico, mas funcional, ou seja, de natureza psíquica.

A melhor terapia indicada pelos especialistas do Mundo Espiritual seria a reencarnação em ambiente adequado, onde, através do amor dos pais, familiares e terapeutas, Euler fosse, gradual e lentamente, "abrindo-se" para a realidade da nova vida.

No entanto, durante muito tempo, ainda mantinha as mesmas rotinas que lhe davam a sensação de segurança e qualquer alteração da mesma, enchia-o de pavor. Um simples toque, devido a um mecanismo semelhante ao reflexo condicionado de Pavlov, podia ser interpretado como "perigo", recordando as torturas sofridas durante o seu período como desencarnado.

A melhor terapia, neste caso, era a persistência carinhosa dos familiares e terapeutas, para adquirir a confiança da criança e, pouco a pouco, restabelecer o desenvolvimento normal do Espírito que ira ocorrer, com o passar do tempo.

É importante lembrar que o caso do Euler é um, entre muitos outros e que cada caso tem suas particularidades, dentro do extenso espectro do transtorno autista.

Um dos pontos comuns do amplo espectro autista é a fuga da realidade, o que pode ocorrer em casos de reencarnação compulsória. Nesse caso, ocorre forte rejeição do indivíduo à reencarnação e desinteresse pela vida e pelo mundo ao qual ele sente que foi forçado a estar.

O ambiente de afeto e cooperação na Evangelização Infanto Juvenil, a iniciar com os bebês, cria um campo eletromagnético muito salutar a envolver o paciente em sensação de segurança, harmonizando gradualmente seus impulsos de defesa.

As artes em geral e em especial a música e as artes plásticas, em sua gama de atividades sugeridas, poderão atrair a sua atenção, atuando no exercício da energia criadora do Espírito.

O poder criador do Espírito está na base de todo o processo evolutivo e, neste caso, no enfrentamento dos desafios a vencer e na abertura de novos canais de manifestação do Espírito.

Contudo, deparamo-nos com casos em que o uso da homeopatia apresenta considerável melhora nos sintomas de muitos problemas de saúde agudos e crônicos, e também nos comportamentos típicos da criança autista, que são marcantes.

A homeopatia trata a pessoa no seu todo, na sua globalidade, considerando os sintomas mentais, emocionais e físicos, para a individuação do medicamento, e pode ser uma grande aliada na psicoterapia e nas atividades educativas e artísticas em qualquer grau de gravidade apresentado pela criança dentro do espectro autista.

No entanto, recordamos Melanie Klein e Winnicott, que afirmam a enorme importância da mãe nos primeiros meses de vida do bebê, como formadora de um ambiente que deveria ser seguro, protetor e confiável.

A educação de bebês e mamães, já citada em item anterior, produz um efeito salutar extraordinário. O Espírito reencarnado sente-se amado e em segurança em um ambiente de vibrações elevadas.

"O aconchego e o amor das mães, cuidadores e familiares, as atividades lúdicas apropriadas, massagens carinhosas, músicas adequadas, criam o ambiente propício ao desenvolvimento da afetividade, da autoestima, da sensação de segurança emocional, antídotos dos transtornos mentais que geralmente "entram" pelas brechas do sentimento de culpa." (Vide mensagem do Dr. Alberto, ao final desta obra.)

No caso do autista, em especial, os primeiros meses do bebê podem ser de uma importância fundamental em sua recuperação, que pode ser mais ou menos lenta, mas que caminha sempre para a plenitude espiritual que nos aguarda a todos.

SÍNDROME DE ASPERGER.

A Síndrome de Asperger, enquadrada dentro da categoria de transtornos globais do desenvolvimento, foi incorporada ao chamado Transtorno do Espectro do Autismo, sendo considerada uma forma mais branda de autismo.

No entanto, os sintomas podem variar de pessoa para pessoa, variando também de intensidade e gravidade. Os sintomas mais comuns incluem:

Dificuldade de interagir com outras pessoas e de fazer amigos. Geralmente, apresentam dificuldade de iniciar e manter uma conversa. Relacionam-se melhor com adultos do que com outras crianças.

Não fazem contato visual ao falar com alguém, podem ter problemas em usar expressões faciais, como um olhar "perdido" e dificuldade em compreender a linguagem corporal.

São muito literais no uso da linguagem. Têm dificuldades para entender as intenções dos demais. São ingênuas. Não entendem ironias, sátiras, ou metáforas. Entendem tudo "ao pé da letra". Não têm malícia. São sinceros. Possuem pensamento concreto, com dificuldade em fazer abstrações.

Podem parecer desajeitadas e apresentar movimentos estranhos como espasmos e tiques faciais.

Podem desenvolver rituais, como se vestir obrigatoriamente em uma determinada ordem específica. Podem também apresentar dificuldades motoras, como abotoar uma camisa ou dar laços nos cordões do tênis.

Gostam de rotinas e não toleram mudanças imprevistas.

Podem apresentar sintomas de ansiedade, depressão e irritabilidade.

No entanto podem ser excepcionalmente inteligentes, talentosas e especializadas em uma determinada área como matemática, ciência ou música. Muitas aprendem a ler sozinhas e possuem uma memória excepcional para recordar dados e datas.

Ocorre uma grande perda na interação social e no aspecto afetivo, e um enorme desenvolvimento em determina área específica de interesse do paciente.

Do ponto de vista neurológico, nota-se grande atividade no lobo pré-frontal e parietal inferior e pouca atividade nas áreas ligadas ao sistema límbico, área ligada às emoções. Principalmente nas crianças com grande desempenho nas ciências físicas como a matemática e grande dificuldade nas interações sociais.

Contudo, é preciso lembrar que é o Espírito quem pensa, sente e age, utilizando-se do cérebro como instrumento de sua manifestação.

O aspecto neurológico é funcional, não existindo qualquer lesão. Não podemos perder de vista que, por trás do Sistema Nervoso, existe um Sistema Psíquico que corresponde às estruturas da mente propriamente dita.

Segundo amigo espiritual que nos orienta, devemos sempre lembrar que cada caso tem suas particularidades, ou seja, cada caso é um caso.

No entanto, em muitos casos, os desequilíbrios surgem de longos períodos em que o indivíduo se vê prisioneiro de desafetos, durante o período de desencarnado. Enquanto o autista tradicional foge para dentro de si mesmo, o Asperger refugia sua mente em áreas criativas ligadas ao seu interesse principal, por exemplo, a matemática, mantendo assim a mente ocupada, refugiando-se da angústia da realidade em que vive.

O Espírito já trazia habilidades desenvolvidas nesta área, todavia, a mega concentração na mesma área promove intenso desenvolvimento, naturalmente com prejuízo para outras áreas a serem desenvolvidas, principalmente a afetiva e as interações sociais.

Mas cada caso tem suas particularidades, citando-se aqui apenas um exemplo. Amigos espirituais nos citaram rapidamente, sem detalhes, que Espíritos existem com tal transtorno, que vieram de outros orbes, em posição intelectualmente superior, reencarnando-se em nosso planeta-escola para tratamento de determinados distúrbios mentais que não nos foi possível compreender, além de que foi preciso afastá-lo do ambiente onde ocorreram os fatos que causaram os transtornos. Portanto, sua encarnação em nosso mundo foi considerada, pelos Espíritos especializados no caso, como terapia para o paciente e oportunidade de estudo e de prática terapeuta e amor ao próximo para todos nós, pais, familiares, amigos e terapeutas.

O melhor tratamento, pois, corresponde ao ambiente de afetividade e amor, ao despertar da religiosidade e, portanto, à Educação da alma, o que inclui o "conhecimento de si mesmo" e o extenso universo das artes como elementos de criatividade, mas de intensa interação social que propiciará não apenas o desenvolvimento cognitivo, mas principalmente o desenvolvimento afetivo e volitivo.

Um ambiente de afetividade e cooperação contribui para despertar a segurança interior que o Espírito reencarnado necessita sentir, para abrir-se ao relacionamento com o outro.

Diferentemente dos casos mais graves de autismo, na síndrome de Asperger o indivíduo não costuma apresentar dificuldades de linguagem, podendo desenvolver seu potencial interior, tornando-se uma pessoa dinâmica e útil. Tanto é verdade, que hoje existem professores universitários, pesquisadores e cientistas portadores da síndrome de Asperger.

A fluidoterapia ou passe, bem como a homeopatia, prescrita por profissional experiente, pode ser de grande auxílio, por tratar o paciente como um todo, principalmente considerando o aspecto emocional e afetivo. No entanto, é preciso compreender que a homeopatia, por si só, pode suavizar e predispor o paciente a melhorar, mas não dispensa a psicoterapia e, principalmente, as atividades de educação do Espírito que levam ao "conhecimento de si mesmo", e que pode realmente auxiliar as alterações das estruturas mentais do indivíduo, que somente se modificam pela vontade.

Sem jamais perder as estruturas mentais que lhe caracterizam a inteligência, o indivíduo Asperger pode, gradual e progressivamente, desenvolver ou liberar os bloqueios do aspecto afetivo em seu relacionamento social, abrindo-se para nova etapa evolutiva nas futuras reencarnações, rumo à perfectibilidade que nos aguarda a todos.

TRANSTORNO DO DÉFICIT DE ATENÇÃO COM HIPERATIVIDADE - TDAH

O Transtorno do Déficit de Atenção com Hiperatividade (TDAH) é considerado por alguns pesquisadores como um transtorno neurobiológico, existindo os que defendam que se trata de um transtorno neurocomportamental, que aparece na infância e pode acompanhar o indivíduo em sua vida adulta. Ele se caracteriza por sintomas de **desatenção, inquietude e impulsividade.**

A criança com TDAH apresenta dificuldade de concentração na escola, surgindo problemas de comportamento e relacionamento com os colegas e professores. Apresentando grande inquietude, não conseguem ficar quietas por muito tempo, manifestando dificuldades com regras e limites.

No entanto, a criança ou o adolescente e até mesmo o adulto com TDAH podem ser inteligentes, criativos e apresentar grande capacidade intuitiva, prejudicada contudo pela impulsividade e hiperatividade.

Agitação e impulsividade podem dominar seu comportamento podendo causar alterações de humor.

No entanto, esse indivíduo inteligente e criativo, quando motivado e desafiado por apresentar uma hiperconcentração, é dotado de grande dinamismo e proatividade.

Muitos estudos já foram realizados em todo o mundo procurando detectar as causas de tal transtorno. Alguns estudos demonstram alterações na região frontal e suas conexões com as demais áreas do cérebro. A área pré-frontal é a responsável pela capacidade de autocontrole, organização e planejamento, ligando-se também às áreas da atenção e memória. Estuda-se também a ação dos neurotransmissores, principalmente dopamina e noradrenalina, nas conexões entre a região pré-frontal e demais áreas do cérebro.

Outros estudos analisam os fatores genéticos responsáveis por uma predisposição ao TDAH. Outros estudam a relação do transtorno com substâncias ingeridas na gravidez como o álcool e a nicotina, bem como a exposição da criança pequena ao chumbo. Outros ainda citam os conflitos familiares e outras causas ambientais. Várias pesquisas vêm sendo realizadas sem contudo estabelecer uma relação causal segura.

Mesmo sendo considerado um transtorno neurobiológico ou neurocomportamental, não podemos descartar o componente espiritual, ou seja, o próprio Espírito reencarnado em sua trajetória evolutiva. Sendo um transtorno, ou seja, uma dificuldade, é também um desafio a ser superado. Sem dúvida, há um fator predisponente de natureza espiritual.

Joanna de Ângelis, na mensagem *"Crianças de uma Nova*

Era". através da psicografia de Divaldo Pereira Franco, cita o momento da grande transição planetária bem como a vinda de *"missionários do bem e da verdade, do conhecimento e da beleza, da tecnologia e da ciência, da fé religiosa e da caridade, a fim de apressarem o processo evolutivo".*

Joanna nos fala também de muitos Espíritos que estão chegando com características muito especiais, sendo que, *"alguns deles apresentam-se com distúrbio de déficit de atenção (DDA) ou mesmo transtorno de déficit de atenção e hiperatividade (TDAH), gerando situações perturbadoras na área da conduta. O fenômeno, porém, tem por objetivo convidar os estudiosos do comportamento e da educação a uma análise mais profunda a respeito da ocorrência."*

"Todavia, aprofundadas investigações demonstram que o TDAH tem origem nos intrincados mecanismos da hereditariedade, da convivência familiar, necessitando de cuidados especiais. Invariavelmente têm-se aplicado nos pacientes infantis drogas denominadas como da obediência, o que constitui grave responsabilidade pelos efeitos colaterais que podem ocasionar no seu futuro, especialmente a partir da adolescência."

"Ideal será uma cuidadosa análise e aplicação da moderna psicopedagogia, especialmente baseada no amor e na paciência, no diálogo e na convivência com os pais, de maneira a transmitir-se afetividade e respeito, carinho e segurança psicológica ao paciente infantil."

"Quando a criança dê-se conta de que é amada e compreen-

*dida, novos estímulos contribuirão para a diminuição da desaten-
ção e da hiperatividade, ajustando-a aos programas de ação edifi-
cante e de construção da sociedade feliz."*

A grande preocupação de muitos educadores, psicólogos, psicanalistas e pais é o diagnóstico precipitado e a prescrição da "droga da obediência" (Metilfenidato) em crianças que apenas "são diferentes", crianças inteligentes e criativas dotadas de grande dinamismo e que não se adaptam ao modelo passivo da educação tradicional.

Quando lecionávamos no antigo curso do "magistério" (depois chamado de "normal superior"), professoras da pré-escola reclamaram de uma garotinha, transferida de outra escola, que não conseguia parar sentada. Levantava-se, abria os armários e mexia nos materiais pedagógicos. Entrevistando os pais, soubemos que ela viera de uma escola "Montessoriana".

Ora, em uma escola "Montessoriana", a metodologia era baseada na liberdade de escolha (dos muitos materiais pedagógicos),na atividade livre, etc... As crianças da pré-escola trabalham com materiais concretos que elas mesmas escolhem nas estantes da sala, onde eles ficam expostos. Há uma sequência de materiais apresentados para a criança e, dentro dela, a criança é absolutamente livre para trabalhar com o que quiser.

Albert Enstein, quando criança, em vez de jogos infantis no jardim, com as outras crianças, preferia construir, sozinho, complicadas estruturas com cubos de madeira.

Demonstrava grande habilidade para a matemática e para

as ciências naturais, mas para as disciplinas que exigiam capacidade de memória era um fracasso, provocando reações negativas dos seus professores.

Segundo Ronaldo Clark, autor da *"Einstein - The Life and Times"*, certo dia, o diretor da escola, que também era professor de grego, convoca uma reunião e declara, entre outras coisas, que seu desinteresse pelo grego era uma falta de respeito pelo professor da disciplina, e que sua presença na classe era péssimo exemplo para os outros alunos. Encerrando a reunião, o professor disse que *Einstein jamais chegaria a servir para alguma coisa.*

Thomas Edison, quando tinha sete anos, recebeu sua primeira educação escolar por apenas três meses, pois foi considerado impertinente e incapaz de prestar atenção nas aulas. Seu professor, o padre Engle, dizia que ele *"tem o bicho no corpo, que é um coça-bichinhos estúpido, que não para de fazer perguntas e que lhe custa a aprender".* Sua própria mãe, Nancy Eliot Edison, ex-professora canadense, foi quem cuidou do seu aprendizado. Thomas Edison tornou-se um dos maiores inventores da história humana.

Não é difícil imaginar o que sentirão Espíritos vindos de esferas mais elevadas, acostumados a sistemas de ensino mais dinâmicos e ativos. Portanto, todo cuidado é pouco para analisar crianças agitadas, mas ativas, mesmo que prestem pouca atenção nas aulas tradicionais. TDAH é um rótulo terrível que poderá perseguir o indivíduo por toda a vida.

Lembrando que cada caso tem suas particularidades, de modo geral, o melhor tratamento será auxiliar a criança a vencer suas dificuldades e superar seus desafios evolutivos. Nesse sentido, uma ação multidisciplinar entre educadores e terapeutas, incluindo-se as atividades artísticas, torna-se um dos melhores caminhos.

A educação do Espírito, em seus aspectos cognitivo, afetivo e volitivo, auxilia o equilíbrio entre o pensar, o sentir e o agir. Valendo-se das atividades artísticas em suas múltiplas expressões, de acordo com a afinidade da crianças, revela-se terapia das mais valiosas para a harmonia global do ser humano.

O conhecimento de si mesmo, como filho do Criador e, portanto, criado para evoluir, desenvolver suas potencialidades rumo a estágios sempre mais elevados, bem como o conhecimento das Leis Divinas que regem mundos e seres, contribuem para a harmonia interior, regulando a ansiedade patológica e minimizando seus efeitos indesejáveis. A vivência num ambiente de harmonia, em clima de cooperação e fraternidade, aumenta a segurança interior, despertando o sentimento elevado.

As atividades artísticas propiciarão, gradual e progressivamente, uma mudança vibratória, podendo ser intensa, mas equilibrada e harmoniosa.

Em nossas atividades no Instituto de Difusão Espírita, tivemos a oportunidade de verificar, em peças de teatro, crianças agitadas se desincumbirem muito bem do seu papel.

As atividades artísticas, seja na música, no teatro, na dança, nas artes plásticas, conduzem a uma disciplina interior natural, sem imposição. Sendo uma forma de expressão, são também atividades criadoras, que harmonizam a energia criadora do Espírito, conduzindo-a para os canais superiores da Vida Universal, propiciando uma mudança positiva em seu estado vibratório.

Gradualmente, mas de forma progressiva, a harmonia entre o pensar, o sentir e o agir se estabelece, equilibrando o Espírito, que consegue vencer os desafios de sua escalada evolutiva.

Devemos considerar, sempre, que do ponto de vista espiritual, não existe enfermidade incurável. Os transtornos mentais têm sua origem na própria mente, ou seja, nos atributos do Espírito em sua forma de pensar, sentir e agir. A mente, pois, possui extraordinária capacidade de adaptação e, mesmo em nível neurológico, possui enorme plasticidade.

Somos todos Espíritos imortais, dotados de enorme capacidade interior e um fantástico mecanismo mental a refletir-se no mundo neurobiológico, capacitando plenamente o indivíduo a enfrentar seus desafios evolutivos.

Nosso principal trabalho de educadores e terapeutas é auxiliar esse Espírito a conhecer a si mesmo e despertar suas qualidades interiores, intrínsecas a todos os seres humanos.

A ação multidisciplinar entre educadores e terapeutas, incluindo-se as atividades artísticas, será sempre um ato de amor ao próximo, sentimento esse que, por si só, já possui enorme valor terapêutico.

TRANSTORNO DE PERSONALIDADE BORDERLINE

O termo borderline surgiu para se referir aos pacientes que se caracterizam por apresentar alterações na borda ou fronteira entre a neurose e a psicose. Ou seja, está no limite, na linha divisória da neurose com a psicose. O transtorno surge geralmente na adolescência ou no início da vida adulta.

O transtorno de personalidade borderline caracteriza-se por uma personalidade instável, quando momentos de calma podem se tornar, subitamente, momentos de raiva ou desespero, com grande ansiedade.

Assim, os sintomas principais incluem alternância entre extremos de idealização e desvalorização nas relações interpessoais, autoimagem instável, sentimento de vazio, esforço intenso para evitar o abandono real ou imaginário. Os sintomas de raiva intensa estão juntos, com dificuldade ou mesmo incapacidade de controlá-los, surgindo violência e agressividade.

Não suportam a solidão e o abandono, necessitando do outro em tempo integral, a todo o momento, e são francamente dependentes, podendo se tornar manipuladores ou masoquistas.

Essas crises de fúria e agressividade acontecem de forma intempestiva e costumam ter por alvo pessoas do convívio mais íntimo, como os pais, irmãos, familiares, namoradas, cônjuges, amigos, etc.

Entretanto, não apresentam deformações de caráter típicas das personalidades sociopatas ou psicopatas, nas quais praticamente existe ausência de emoção. Muitas vezes, o indivíduo que tem a psicopatia simula emoções que não sente verdadeiramente. São emoções superficiais, teatrais e falsas.

O paciente borderline tem instabilidade emocional e afetiva, mas não ausência de emoção.

Podem demonstrar forte afetividade, mas com grande instabilidade, oscilando entre emoções de amor e ódio, apatia e entusiasmo exagerado, alegria intensa e tristeza profunda.

Diferentemente também do transtorno bipolar, pois o borderline tem alterações repentinas, podendo passar de um estado ao outro rapidamente, enquanto o bipolar tem períodos de semanas ou meses de euforia ou mania e períodos de depressão.

O indivíduo borderline vive exigindo apoio, afeto e amor continuadamente. Sem isso, aflora o temor à solidão, sentindo-se magoado e ferido emocionalmente, o que leva ao medo ou preocupação obsessiva de ser abandonado. Uma forte intolerância à frustração desencadeia a agressividade e crises de fúria.

Pode apresentar quadros de fobias, especialmente agorafobia e claustrofobia, sintomas obsessivos compulsivos, hipocondria e exagerada preocupação com a saúde, compras descontroladas e até mesmo bulimia.

O transtorno de personalidade borderline pode se associar a quadros de drogadição, alcoolismo e violência, tornando-se uma problemática psicossocial grave.

Podem surgir ainda casos de transtornos da sexualidade com fantasias sexuais sadomasoquistas, eróticas perversas e promiscuidade.

Estudiosos do assunto afirmam que várias são as causas, abrangendo desde fatores genéticos a fatores ambientais com experiências emocionais precoces, como instabilidade familiar, negligência e até abusos físicos dentro da família.

Percebemos também que uma educação muito autoritária, em que pais rígidos impõem seus desejos, desarticulando a autoafirmação da criança, desenvolvendo dúvidas sobre sua capacidade e vergonha de seus fracassos. Além de bloquear sua capacidade criativa e o desenvolvimento gradual de sua autonomia, a criança não se sente amada, desenvolvendo sentimento de abandono.

Não podemos perder de vista que cada caso tem suas particularidades, cujos sintomas podem variar de pessoa para pessoa e que, acima de tudo, são nossos irmãos do caminho evolutivo, merecedores de nosso carinho e auxílio.

Precisamos também levar em conta as vivências passadas, quando esse Espírito possa realmente ter sido abandonado e sofrido fortes agressões.

Foi-nos revelado, por amigo espiritual, o caso de Ciro que, em muitas vidas passadas tinha usado de violência para resolver seus problemas. No transcorrer de sua evolução, ele próprio veio a sofrer atos de grande violência, consequência natural do que ele próprio semeou em passado remoto. Abandonado pelos pais, passou a sentir forte carência afetiva, levando-o a revoltar-se, reascendendo os impulsos violentos que não conseguia superar. Sentindo-se abandonado e sem conseguir conquistar amigos e afetos outros, buscou refúgio no álcool para aplacar sua angústia, mas que, em verdade, apenas liberou ainda mais seus impulsos agressivos, vindo a desencarnar precocemente.

Renasceu sob o amparo de Espíritos benevolentes que intercederam por ele, em família brasileira de poucos recursos financeiros, mas sem grandes conflitos familiares, embora com cinco filhos.

No entanto, o jovem Ciro, mal iniciando a vida adulta, enfrenta sensações mnemônicas que trazem o passado de volta, não em forma de lembranças claras, mas de sensações de abandono, solidão e incertezas. Como vimos, a pineal, aproximadamente aos 14 anos, *"reabre os mundos de sensações e impressões na esfera emocional"*, levando a criatura a recapitular sensações, emoções e paixões vividas em encarnações passadas.

Muitas vezes, tenta ser cordial e conquistar amigos, mas numa carência afetiva enorme, cheio de dúvidas e receios. Às vezes, passa de um entusiasmo e alegria por um momento de vitória afetiva, para uma angústia muito forte, por simples suspeita infundada. Nesse momento, acaba cedendo novamente à violência que ainda encontra fortes raízes em seu inconsciente profundo. Sua vida tem sido uma luta constante consigo mesmo.

A psicoterapia aliada à educação integral, será, sem dúvida, um aspecto muito importante para a libertação do Espírito encarnado de seus conflitos interiores que geram tanta angústia existencial.

O caso demanda tempo, mas o conhecimento de si mesmo, como Espírito imortal, filho de Deus que o ama, dotado de grande potencialidade interior, a fluidoterapia ou passe, o estudo, a meditação, a prece, fortalecerão sua vontade de mudança em profundidade.

Mais uma vez, a capacidade criativa a ser desenvolvida auxiliará o Espírito a buscar os melhores caminhos para sua evolução, que o levarão gradualmente, sem qualquer dúvida, à libertação interior, harmonia e paz.

Percebemos que nós mesmos somos os artífices de nossas desditas, mas a Providência Divina, através de seus emissários, nos faculta as oportunidades de refazimento, contando também com o auxílio de todos nós, dentro da proposta de Jesus, o *"amai-vos uns aos outros"*, sem o que muito difícil seria nossa ascensão evolutiva.

A melhor terapia preventiva, sem dúvida, será a "evangelização ou educação do Espírito" desde os primeiros momentos de sua vida física.

A evangelização de bebês e mamães, como já vimos, envolve o Espírito recém-reencarnado em vibrações de afeto, de aconchego, de carinho, que o fazem sentir-se amado, aumentando sua autoestima e confiança.

À medida que cresce, as atividades da educação do Espírito, propiciando "conhecimento de si mesmo" em ambiente de cooperação e afetividade, que são a base do *amai-vos uns aos outros*", despertam a verdadeira religiosidade, o amor a Deus, ao próximo e a toda a obra Divina, a Natureza.

As atividades artísticas, em suas várias modalidades, auxiliam a socialização em clima de cooperação, a criatividade, a autoconfiança e a consequente elevação do padrão vibratório do Espírito.

Quando chegar à adolescência e ocorrer a *"reabertura da pineal"* e a recapitulação de emoções vividas em outras vidas, o Espírito estará preparado para trabalhar com suas próprias emoções de maneira mais tranquila, conseguindo reajustar a si mesmo ou, em outra linguagem, equilibrar o pensar, o sentir e o agir, aprendendo a vibrar em sintonia com as vibrações superiores que pululam no Universo de Deus.

TRANSTORNO DE PERSONALIDADE ANTISSOCIAL

PERSONALIDADE PSICOPATA

Mais conhecido como psicopatia ou sociopatia, caracteriza-se pela tendência de não interagir na sociedade.

Os diferentes sintomas e comportamentos que caracterizam o TPAS incluem: desprezo por normas sociais, indiferença aos sentimentos dos outros, agressão, tendência à solidão, violência e mentiras.

Não demonstram empatia, são interesseiros, egoístas e manipuladores. Abusam, trapaceiam, manipulam dolosamente seus familiares, parentes e amigos.

No entanto, são hábeis em fingir comportamentos tidos como exemplares, fingir crenças ou hábitos para se infiltrarem em grupos sociais ou religiosos a fim de ocultar sua verdadeira personalidade.

O psicopata tradicional pode possuir uma inteligência acima da média, possui baixa tolerância à frustração, incapacidade para lealdade e de manter sentimentos de amor ou afeição. Possui um egocentrismo exageradamente patológico, com emoções superficiais, teatrais e falsas. Não sente remorso ou culpa.

Apresenta elevado risco de suicídio, tendência a criminalidade e violência por impulsividade.

São indivíduos mais suscetíveis de apresentarem outros tipos de transtornos mentais como ansiedade, depressão, síndrome do pânico e abuso de álcool e drogas.

Os primeiros sintomas podem ser observados na infância, em crianças manipuladoras, baixa empatia e que demonstram impulsividade e violência, maltratando animais sem piedade, ou mesmo maltratando outras crianças.

Infelizmente, existem muitos casos, revelados pelos meios de comunicação, de crianças pequenas que cometeram crimes bárbaros, sem apresentar remorso.

Todavia, é preciso cuidado ao analisar crianças, pois é muito difícil se detectar a linha que separa a simples travessura da maldade.

Educadores, terapeutas e outros pesquisadores buscam as causas de tão terrível transtorno, considerando tanto as causas fisiológicas quanto ambientais.

Há quem cite fatores genéticos associados à influência do meio social em que a criança foi formada. Crianças que durante a infância tenham sofrido com negligência, autoritarismo ou abusos, podem se sentir isoladas e introvertidas.

Outros pesquisadores apontam uma resposta reduzida

da amígdala em jovens que apresentam traço de entorpecimento emocional. Outros tentam verificar também se há falhas em determinadas regiões cerebrais e no sistema límbico (estrutura responsável pelas emoções).

Mas a maioria dos especialistas admite que a formação do psicopata se inicia na infância e na adolescência.

No entanto, até hoje, a causa do transtorno de personalidade antissocial não foi completamente esclarecida.

Do ponto de vista espiritual, podemos detectar as causas primeiras de tal transtorno considerando dois aspectos:

O primeiro, o estágio evolutivo dos indivíduos que ainda permanecem no estado primitivo de seu desenvolvimento emocional. Embora possam ter desenvolvido o intelecto, são ainda excessivamente egoístas e orgulhosos e utilizam sua inteligência para seus fins egoísticos, sem sentir culpa ou remorso. Desenvolveram muito a inteligência, mas ainda apresentam baixo desenvolvimento no aspecto afetivo e moral.

O segundo, o bloqueio de seu potencial que, embora desenvolvido anteriormente, permanece reprimido por sentimentos de revolta, ódio, vingança, devido a acontecimentos ocorridos em encarnações passadas e vivências no Mundo Espiritual.

Philippe Pinel, médico francês, considerado por muitos o pai da psiquiatria (*), foi o primeiro a notar que alguns de seus pacientes envolvidos em atos impulsivos, violentos e autodestrutivos, tinham sua habilidade de raciocínio intacta e completa consciência da irracionalidade do que estavam fazendo.

Pinel percebeu a possibilidade de existir um indivíduo insano, mas sem qualquer confusão mental.

(*) Em 1801, publicou seu Tratado Medico-Filosófico sobre a Alienação Mental, considerado a primeira obra do que viria a se chamar Psiquiatria (1847).

O CASO DE CARLOS

Foi-nos narrado, por amigo espiritual, o caso de um garoto que manifestava tendências psicopatas desde a infância, que vamos chamá-lo de Carlos.

Em existência anterior, embora tenha se iniciado na vida religiosa, por imposição dos pais, demonstrava rara inteligência, mas ainda mantinha conduta duvidosa, demonstrando excessiva vaidade e orgulho e um egoísmo que raiava à loucura. Envolveu-se em vários escândalos de natureza sexual, tendo sido afastado da ordem religiosa à que pertencia. Derrapando no vício do álcool, deu asas a seus impulsos de violência e desequilíbrio sexual, causando diversas vítimas, quando foi detido por familiares de uma de suas vítimas, que lhe infligiram torturas cruéis, inclusive violências sexuais como vingança.

Ao desencarnar, tornou-se um terrível perseguidor desta mesma família, procurando também dar vazão aos seus impulsos desequilibrados, tentando envolver outros seres encarnados que com ele sintonizavam, nas suas infelizes aventuras e vícios. Tornou-se, assim, o que costumamos chamar de espírito obsessor, envolvendo-se com uma verdadeira legião de Espíritos perturbados com quem mantinha afinidade vibratória.

Com a intercessão de seus familiares de outrora, que também guardavam certa parcela de culpa pela educação falha que proporcionaram ao filho, tentaram reconduzi-lo a nova encarnação, afastando-o assim de tão lamentável situação. Todavia, ante a vigorosa recusa de Carlos e considerando seu estado deplorável, providenciaram, com o auxílio de outros Espíritos especializados, a sua reencarnação compulsória.

No entanto, o Espírito reencarnado guardava em seu inconsciente sentimentos de revolta por uma vida que não pediu, sentindo-se atraiçoado. À medida que crescia no novo lar, sentimentos estranhos se manifestavam. O Espírito vaidoso e excessivamente orgulhoso de outrora sentia-se traído, abandonado e só. Desconfiava de todos, incapaz de sentir um afeto verdadeiro.

Não tardou para que seus instintos de violência e tentativas de vingança aflorassem, ainda na infância. levando-o a descarregar seus impulsos maltratando animais indefesos.

E esse é o estado em que esse garoto se encontra atualmente.

As estruturas do sistema límbico, unidade responsável pelas emoções e comportamentos sociais, fisicamente falando, estão normais. Mas é o Espírito quem pensa, sente e age. Um violino Stradivarius nas mãos de um ser bruto não produzirá música, da mesma forma que um moderno computador não funcionará direito se ocorrer falhas no sistema operacional ou nos programas que utiliza.

Tudo isso nos fez pensar na importância de uma verdadeira educação, não imposta, mas que desperte os verdadeiros valores da alma, tanto intelectual quando afetivamente.

Da mesma forma, nos faz pensar o quanto é inútil o rótulo religioso, sem que a verdadeira religiosidade desperte no âmago da alma.

Naturalmente, temos sempre que considerar que cada caso é um caso em especial, com suas particularidades, mais ou menos graves.

Percebemos também que Deus conta conosco, sejamos educadores profissionais, psiquiatras, psicanalistas, ou simplesmente pessoas dotadas de boa vontade, para resgatar esse Espírito, e são tantos na mesma condição.

EVOLUÇÃO E CURA

Nosso planeta passa por uma fase de transição em que deverá atingir novo ciclo evolutivo. Como toda mudança, é uma fase dolorosa, mas necessária para as grandes transformações que advêm num futuro talvez não tão distante.

Joanna de Angelis, na mensagem *"A Grande Transição"*, psicografia de Divaldo P. Franco, afirma:

"Os espíritos renitentes na perversidade, nos desmandos, na sensualidade e vileza, estão sendo recambiados lentamente para mundos inferiores onde enfrentarão as consequências dos seus atos ignóbeis, assim renovando-se e predispondo-se ao retorno planetário, quando recuperados e decididos ao cumprimento das leis de amor."

Diversas mensagens, por diversos autores, nos falam que Espíritos missionários, muitos procedentes de outras esferas, estão renascendo para colaborarem na grande transição planetária.

Entre os dois extremos, milhares de Espíritos existem, preparando-se, consciente ou inconscientemente, para a nova etapa evolutiva do planeta.

Joanna afirma também que *"aqueles que permaneceram nas regiões inferiores estão sendo trazidos à reencarnação, de modo a desfrutarem da oportunidade de trabalho e de aprendizado, modificando os hábitos infelizes a que se têm submetido, podendo avançar sob a governança de Deus."*

Assim, pois, mudanças intensas ocorrem em todo o orbe e muitos Espíritos renascem com sérios desequilíbrios de ordem mental, que se manifestam em forma de transtornos mentais nos mais diferentes graus de comprometimento.

Mas como nos lembra André Luiz *"a reencarnação significa recomeço nos processos de evolução ou de retificação."* (Missionários da Luz – cap.13)

Portanto, a manifestação dos transtornos mentais representa também oportunidade bendita de retificação, ou seja, de reajuste de estruturas mentais desajustadas ou em desequilíbrio mais ou menos grave.

Trata-se, pois, de um processo de cura, visando harmonizar o estado vibratório do Espírito com a nova fase evolutiva a que estamos entrando lenta e gradualmente.

De certa forma, todos nós, habitantes do planeta Terra, estamos também em processo de reajuste de nossas desarmonias interiores, readaptando nossas estruturas mentais à nova realidade evolutiva, conquistando a harmonia emocional que abrirá novos caminhos ao desenvolvimento das qualidades superiores, a essência Divina, que todos trazemos em nós, em estado latente.

A TERAPIA DA ALMA NOS TRANSTORNOS MENTAIS

"*Vinde a mim, todos os que estais cansados e sobrecarregados, e eu vos aliviarei.* Jesus

A psicoterapia, em suas diferentes abordagens, tem sido considerada entre os melhores tratamentos para a maioria dos transtornos mentais, podendo ser combinada com medicamentos ou não, conforme o caso e a necessidade do indivíduo.

A Doutrina Espírita vem oferecer outros recursos que podem auxiliar os terapeutas ou mesmo os próprios pacientes e seus familiares.

A fluidoterapia ou passe, com a imposição das mãos, a água fluidificada e a prece são valiosos recursos em auxílio ao equilíbrio físico e emocional. Ao mesmo tempo, o caso passa a ser analisado pelos terapeutas espirituais, que, conhecendo cada caso em profundidade, auxiliam de maneira mais profícua, aproveitando também os próprios recursos da casa espírita.

No entanto, a própria Doutrina Espírita nos demonstra a necessidade de uma mudança interior de profundidade, equilibrando o pensar, o sentir e o agir, ou seja, a reprogramação de nossas estruturas mentais, transformando nossos impulsos infelizes em energia criadora de nível superior, que nos permita vibração e consequente sintonia com as energias cósmicas que pululam no Universo de Deus e que geram harmonia e paz.

"Para que se efetue a jornada iluminativa do espírito é indispensável deslocar a mente, revolver as ideias, renovar as concepções e modificar, invariavelmente, para o bem maior o modo íntimo de ser..." (*No Mundo Maior*, A. Luiz, F. C. Xavier)

Nesse sentido, sem excluir a psicoterapia, a evangelização do Espírito, atividade educacional por excelência, sabiamente utilizada, torna-se um dos recursos mais profícuos que a Doutrina Espírita pode oferecer às crianças e adolescentes, desde tenra idade, ou seja, a iniciar com a evangelização de bebês.

Ao lado da educação do Espírito e como parte dela, surgem as artes como maravilhoso instrumento que mobiliza a energia criadora do Espírito, muitas vezes, liberando bloqueios internos e abrindo caminho para a plena realização do ser.

* * *

Grande parte dos conflitos geradores dos transtornos mentais, com reflexos no organismo, surge dos desequilíbrios da entre o pensar, o sentir e o agir.

"Quase podemos afirmar que noventa em cem dos casos de loucura, excetuados aqueles que se originam da incursão microbiana sobre a matéria cinzenta, começam nas consequências das faltas graves que praticamos, com a impaciência ou com a tristeza, isto é,

por intermédio de atitudes mentais que imprimem deploráveis refle-xos ao caminho daqueles que as acolhem e alimentam. Instaladas essas forças desequilibrantes no campo íntimo, inicia-se a desinte-gração da harmonia mental..." (*No Mundo Maior*, idem, idem)

A Educação do Espírito, devidamente compreendida, tor-na-se terapia da alma desde tenra infância, levando o educando ao pleno desenvolvimento das potências da alma, equilibrando o pensar, o sentir e o agir.

No *aspecto cognitivo*, leva o educando ao "*conhecimento de si mesmo*" como Espírito imortal, filho de Deus, dotado do ger-me das qualidades superiores da alma, com imenso potencial criador e, portanto, com todos os meios necessários à própria evolução.

"*Conhecereis a verdade e a verdade vos libertará*" afirmou Jesus.

"*O conhecimento de si mesmo é a chave do progresso indivi-dual*", nos ensina Kardec em *O Livro dos Espíritos*.

A verdade Universal liberta o homem da ignorância que se sujeita a dogmas, preconceitos e fanatismos. Evita a queda no sentimento de inferioridade e, por outro lado, evita a loucura de se crer mais do que realmente se é.

Somos Espíritos em evolução, sujeitos à Lei de Causa e Efeito e, portanto, responsáveis pelos nossos pensamentos e atos.

No *aspecto afetivo*, auxilia o desenvolvimento do sentimen-to elevado, estimulando a cooperação, a ajuda mutua desde tenra idade.

A Doutrina Espírita nos demonstra que o homem evolui do instinto às sensações e das sensações para os sentimentos, sendo que o ponto delicado do sentimento é o amor.

Da mesma forma que possuímos o germe das qualidades da alma, também possuímos o germe do sentimento, *como o princípio do perfume está no germe da flor, antes de ela desabrochar.*

"O amor é de essência divina, e, desde o primeiro até o último possuís no fundo do coração a chama desse fogo sagrado" (**O Evangelho Segundo o Espiritismo** - cap. XI, item 9)

O sentimento, pois, corresponde a estado vibratório que se amplia e se desenvolve. À medida que emite sentimentos, sintoniza com vibrações de teor semelhante, e mais se desenvolve.

Contudo, não se ensina a amar através de ensinamentos teóricos. É preciso vibrar amor para que nosso sentimento atinja as criaturas que nos cercam, envolvendo-as nessa energia superior, que lhes aquece o "germe" Divino, propiciando condições para o seu desabrochar.

No *aspecto volitivo*, auxilia o desenvolvimento da vontade, que corresponde à mola propulsora da ação, do trabalho, do esforço próprio. É pela vontade que o Espírito dirige seus pensamentos para determinada direção e age.

A vontade corresponde à intensidade do pensamento., ou força de penetração do pensamento, na linguagem de André Luiz.

A harmonia mental do indivíduo vem do equilíbrio entre o pensar, o sentir e o agir.

Nesse sentido, o aspecto cognitivo, além do conhecimento de si mesmo, propicia a construção de estruturas mentais que correspondem à capacidade de realização. Inteligência não é apenas conhecimento, mas capacidade de realização, capacidade de utilizar sua energia criadora para agir num sentido sempre progressivo, em que o indivíduo se torna apto a enfrentar novos desafios que, sem dúvida, surgirão na imensa escalada evolutiva rumo à perfeição.

O aspecto cognitivo, pois, corresponde à quantidade de conhecimentos, mas também à capacidade de realização, capacidade de enfrentar o novo, de criar e desenvolver, embora gradualmente, o imenso potencial que ainda jaz em estado latente.

O aspecto afetivo corresponde à qualidade do pensamento. Por ser de natureza energética, corresponde à vibração do pensamento que, além de inundar o cosmo orgânico e psíquico, permite-nos sintonizar com vibrações semelhantes. O desenvolvimento do sentimento elevado e nobre nos propiciará sintonia com vibrações de igual teor, oferecendo oportunidade de amplo desenvolvimento na direção superior da vida Universal, que pulula por toda parte.

O aspecto volitivo corresponde à intensidade do pensamento, dinamismo, firmeza de intenção, perseverança, tenacidade, sem contudo perder o equilíbrio necessário.

O pensamento se irradia em forma de energia eletromagnética que transporta determinado conteúdo intelectual, mas que possui determinada qualidade vinda do sentimento e que se irradia com determinada intensidade, vinda da vontade.

Sala dos bebês: 0 a 2 anos.

Assim, nossas ações devem estar em harmonia com nosso modo de pensar e com nossos sentimentos, caso contrário, surgem os conflitos da alma, causa principal dos transtornos mentais.

Percebemos, pois, a Educação do Espírito ou a Evangelização do Espírito como base do processo evolutivo saudável e preventivo, bem como terapêutica para a maioria dos transtornos mentais.

É importante compreender que as atividades devem ser dosadas e aplicadas conforme as necessidades e interesses de cada grupo ou faixa etária.

Em nossa instituição, a sala dos bebês prioriza o aspecto afetivo. As atividades visam a estreitar os vínculos entre as mães ou cuidadoras e os bebês. Utilizam-se música, atividades lúdicas, massagens, histórias, fantoches, etc. O aconchego, o toque, a massagem suave leva o bebê a sentir-se amado, desenvolvendo a autoestima e a sensação de segurança, indispensáveis para o seu desenvolvimento saudável.

No transcorrer das atividades, ficamos sabendo que equipes espirituais acompanham o trabalho até os lares, procurando manter o clima de afetividade e segurança emocional dos familiares;

Na sala de 2 e 3 anos, já se iniciam conceitos doutrinários, mas sempre utilizando atividades práticas, atividades lúdicas, artes plásticas, dramatizações, músicas, etc. O aspecto afetivo ainda predomina.

As demais turmas avançam em todos os aspectos. O conteúdo doutrinário é explorado totalmente, mas enquanto com os menores ainda são utilizados atividades lúdicas e material concreto, com os maiores de 11 a 14 anos já se utilizam atividades abstratas, estudos em grupos, entrevistas, visitas e outras dinâmicas interessantes.

ARTETERAPIA

Somos Espíritos imortais, filhos do Criador e, portanto, criadores por excelência.

Trazemos dentro de nós, em estado germinal, todo o potencial que nos cabe desenvolver. Desafios surgem estimulando nossa criatividade, base do processo de desenvolvimento interior. Todo o processo evolutivo é baseado em experiências novas, em novos desafios, em mudança constante, num sentido crescente, em que, gradual e progressivamente vamos desenvolvendo as potências da alma.

Todo o processo é um apelo para a mudança, para o novo, para a criatividade.

Os transtornos mentais podem bloquear a criatividade do indivíduo, reduzindo sua capacidade vibratória.

Nesse sentido, as artes surgem como ferramenta fantástica para auxiliar o desenvolvimento de nossas potências interiores, mas também para atuar como terapia da alma, desfazendo bloqueios interiores e liberando a capacidade criativa do indivíduo.

"A arte pura é a mais elevada contemplação espiritual por parte das criaturas. Ela significa a mais profunda exteriorização do ideal, a divina manifestação desse "mais além" que polariza a esperança da alma."

"O artista verdadeiro é sempre o "médium" das belezas eternas e o seu trabalho, em todos os tempos, foi tanger as cordas mais vibráteis do sentimento humano, alçando-o da Terra para o Infinito e abrindo, em todos os caminhos, a ânsia dos corações para Deus, nas suas manifestações supremas de beleza, de sabedoria, de paz e de amor." (Emmanuel, do livro **O Consolador**, psicografia de Francisco Cândido Xavier).

As atividades artísticas como a música, o teatro, a dança, a literatura e as artes plásticas em suas múltiplas modalidades, atuam de forma a desfazer bloqueios mentais à criatividade, liberando a energia criadora do Espírito.

Além de ser atividade criadora por excelência, a arte deve conduzir essa criatividade para os canais superiores da vida, aprimorando os sentimentos.

A ate é forte elemento de interação com as energias espirituais superiores que pululam no Universo de Deus. À medida que interage, desenvolve seu potencial anímico que se manifesta no sentir e no querer, ampliando sua faixa vibratória em níveis superiores.

A capacidade vibratória é algo que se amplia gradualmente, conforme exercitada. O poder da vontade que, muitas vezes, se inicia na prece diária, vai ampliando os canais vibratórios, não apenas na velocidade, mas na intensidade e capacidade de penetração do pensamento que, gradual e progressivamente, tende a atingir vibrações mais elevadas e sutis.

À medida que nossas atitudes interiores e íntimas se modificam num sentido elevado, através da prática da caridade que conduz ao amor ao próximo, do cultivo de pensamentos nobres e elevados, amplia-se nossa capacidade vibratória e consequente sintonia com padrões elevados de vibração, até atingirmos a capacidade de sintonia com a mente cósmica, abrindo-se para as belezas da vida Universal.

...porque o amor cobrirá a multidão de pecados.

Pedro

MENSAGEM

Mensagem psicofônica do Espírito Dr. Alberto, que foi psiquiatra quando encarnado, recebida dia 21 de setembro de 2017, no Instituto de Difusão Espírita, pelo médium W. O. Alves :

"Queridos irmãos, boa noite!

Não é apenas o que o Espírito fez de errado, equivocada ou criminosamente, em vidas passadas, a causa dos transtornos pelos quais passa ou passará em outras vidas, mas também a maneira como o próprio Espírito devedor encara seus erros e como o sentimento de culpa o afetará.

Imaginemos, como exemplo e de forma resumida, o caso de um Espírito que cometeu muitos erros em vidas passadas e, ao desencarnar, se vê frente a frente com seus devedores, transformados agora em algozes, a lhe torturarem por longo tempo.

Ao reencarnar, pela intercessão de seus afetos, poderá ter uma infância relativamente equilibrada, mas, na adolescência, a glândula pineal fatalmente abrirá os canais que ligam a mente às paixões e dramas vividos em outras vidas e no mundo Espiritual, que, até agora, permaneciam no inconsciente.

Sensações, emoções, impressões dolorosas surgem como lembranças, tidas como alucinações, sensação de perseguição e vozes acusadoras que ele esteja ouvindo ou vendo, interagindo com elas, tidas como delírios. Pouco a pouco, vai desorganizando o pensamento e provocando graves distúrbios cognitivos e emocionais, até receber o diagnóstico funesto: esquizofrenia.

Lembramos agora o trabalho realizado nesta e em outras casas irmãs, denominado de *"evangelização de bebês"*, onde os bebês, Espíritos recém-reencarnados, são envolvidos em ambiente acolhedor, sempre na companhia das mães, em atividades que priorizam o aspecto afetivo, criando assim um clima de intensa afetividade.

O aconchego e o amor das mães, cuidadores e familiares, as atividades lúdicas apropriadas, massagens carinhosas, músicas adequadas, criam o ambiente propício ao desenvolvimento da afetividade, da autoestima, da sensação de segurança emocional, antídotos dos transtornos mentais que geralmente "entram" pelas brechas do sentimento de culpa.

A equipe espiritual que acompanha este trabalho aproveita os momentos, intensificando e estendendo as atividades até aos lares e familiares do Espírito reencarnado.

À medida que cresce, passando pelas demais turmas do movimento, que chamam apropriadamente de Evangelização do Espírito, o Espírito vai adquirindo o **conhecimento de si mesmo** e das leis divinas, reconhecendo-se como Espírito imortal, filho amado de Deus, num processo evolutivo, desenvolvendo a perfectibilidade a que todos somos dotados.

Ao atingir o início da adolescência, entre 13 ou 14 anos aproximadamente, ao entrar em contato, mesmo inconscientemente, com seu passado e enfrentar as dolorosas sensações, e mesmo sob forte sensação de culpa, o Espírito encontrará, em si mesmo, fortes estruturas mentais para enfrentar as acusações que surgem de si mesmo ou de outras mentes que o atormentam.

Não apenas crê, mas sabe ser filho amado de Deus, e que o Pai lhe fornecerá meios de reparar os erros cometidos no passado.

Habituado ao clima de espiritualidade e à oração, atravessará essa etapa dolorosa, podendo tornar-se mais tarde um trabalhador de Jesus, suavizando ou redimindo-se perante sua consciência.

Portanto, a Evangelização de bebês, e mesmo as atividades com a gestante, são, não apenas o primeiro passo, mas o mais importante aspecto terapêutico e preventivo de prováveis futuros transtornos mentais.

A continuação desse trabalho, que não tem idade para terminar, propiciará o desenvolvimento harmonioso das qualidades interiores que todos trazemos em nós, em estado latente, filhos de Deus que somos.

Agradecemos profundamente a oportunidade que nos é dada de também colaborar neste trabalho, cuja importância é incalculável.

Obs.: O Espírito do Dr. Alberto tem se comunicado em várias reuniões, mas somente citou o próprio nome por nossa insistência, afirmando fazer parte de uma equipe espiritual de terapeutas que estudam e colaboram espiritualmente em várias clínicas e instituições, inclusive a Clínica Sayão e o Instituto de Difusão Espírita, de Araras-SP, onde também trabalhamos como voluntário.

Muitas vezes, pacientes da Clínica, em sono induzido, são trazidos às reuniões mediúnicas, onde recebem carinhosas orientações e vibrações de afeto, sempre lembrando a eles, que são filhos amados de Deus, que jamais nos abandona. Tais mensagens permanecem no inconsciente do Espírito, agindo como um suave alento de esperança.

Esta obra foi escrita com o auxílio desta mesma equipe, sem o que não teríamos conseguido concluí-la, dada a complexidade de alguns assuntos, e graças aos esclarecedores exemplos de casos citados por eles.

BIBLIOGRAFIA E OBRAS PARA CONSULTA

O Livro dos Espíritos - Allan Kardec - IDE Editora

O Evangelho Seg. o Espiritismo - - Allan Kardec - IDE Editora

O Livro dos Médiuns - - Allan Kardec - IDE Editora

A Gênese - Allan Kardec - IDE Editora

Evolução em Dois Mundos - André Luiz, F.C.Xavier - FEB

Mecanismos da Mediunidade - André Luiz, F.C.Xavier - FEB

No Mundo Maior - André Luiz, F.C.Xavier - FEB

Missionários da Luz - André Luiz, F.C.Xavier - FEB

Entre a Terra e o Céu - André Luiz, F.C.Xavier - FEB

O Consolador - Emmanuel, F.C.Xavier - FEB

Educação do Espírito - Walter O. Alves - IDE

Introdução ao Estudo da Pedag. Espírita - Walter O. Alves - IDE

A Construção da Mente - Walter O. Alves - IDE

Loucura e obsessão - Manoel P. de Miranda - Divaldo P.Franco

Transtornos Psiquiátricos e Obsessivos - - Manoel Philomeno de Miranda - Divaldo P. Franco

O Homem Integral - Joanna de Angelis - Divaldo P.Franco

Jesus e Atualidade - Joanna de Angelis - Divaldo P.Franco

Plenitude - Joanna de Angelis - Divaldo P.Franco

Adolescência e Vida - Joanna de Angelis - Divaldo P. Franco

Psicanálise da Criança - Melanie Klein - Ed. Mestre Jou

Psicanálise Com Crianças - Teresinha Costa - Ed. Zahar

Os Bebês e Suas Mães - D. W. Winnicott - Ed.Martins Fontes

Bases Biológicas dos Transtornos Psiquiátricos - Kapczinski, Quevedo e Izquierdo - Ed. Artmed

Pratique o *"Evangelho no Lar"*

ideeditora.com.br

Acesse e cadastre-se para receber
informações sobre nossos lançamentos.

 INSTITUTO DE DIFUSÃO ESPÍRITA

IDE Editora é apenas um nome fantasia utilizado pelo INSTITUTO DE DIFUSÃO ESPÍRITA, entidade sem fins lucrativos, que promove extenso programa de assistência social, e que detém os direitos autorais desta obra.